はじめに

　教師になりたての頃,授業がうまくいかなくて悩んでいました。子どもたちはボクの授業に飽きて,騒ぐ,立ち歩く,そのうち教室の後ろでプロレスが始まる,今で言うなら「授業崩壊」といってもいいような状況になったのでした。小柄なボクには子どもを威圧する能力がありません。体力もありません。大きい声も出ないのです。「ああ,もう教師をやめたい！　生きていく自信もない！」と思いました。

　そんなとき,後で紹介する「仮説実験授業」というものに出会ったのです。その教材（「授業書」といいます）を見て初めて知った科学の世界。「へえー,そうだったのか！」と感動して知った知識。そして「こういうことこそ子どもたちに教えたい」と思いました。

　しかし,それを授業にかけるのには勇気がいりました。教科書とは別の教材だったからです。最初は恐る恐るでした。でも,今までの授業の苦しさから抜け出したくて,一歩だけ踏み出してみました。すると,なんと,子どもたちから励ましの感想文をもらったのです。それはたった1時間の授業での出来事でした。それで,1時間では済まなくなりました。子どもたちの笑顔を見たら,もう止まらなくなったのです。こういうのを「子どもたちから勇気をもらう」と言うのだと思いました。そして,

子どもたちといっしょに，科学を学ぶことの楽しさを知り，教師として科学を教える喜びを知ったのです。

あなたも，この楽しさと喜びを味わってみませんか？

*

ところで，「理科」の教育内容はその時代その時代の政府によって決められてきたものですから，その時々の政治的な要請を反映しています。

一方で「科学」には「科学は楽しみごととして生まれ，発展してきた」という歴史があります。ガリレオやロバート・フックやフランクリンにしたって，科学の研究が楽しくて楽しくてたまらなかった人たちなのです。このことを知ったとき，ボクはどんなに驚いたことでしょう。「そういうことだったのか！」と。そのときから「楽しみごととしての科学の伝統」にボクは注目するようになったのです。

そこでこの本では，そういう「たのしい科学の伝統」に立ち返って，子どもたちと〈たのしく科学を学ぶにはどうしたらよいか〉，〈たのしく学んでもらうには教師はどんな知識や考え方が必要なのか〉についてみなさんといっしょに考えたいと思います。

*

この本は3章に分けてありますが，どこから読んでもかまいません。

ただし，本文の中に出てくる「仮説実験授業」についてまだご存知のない方は，第1章の「子どもの気持ちが見える窓」から読んでいただくことをおすすめします。これを読めば「仮説実験授業ってこういう授業なのか」「《授業書》とはこういうも

のか」とイメージできると思います。そうすれば，他の記事も読みやすくなるのではないかと思います。

*

なお，この本はボクが現役の中学校教師のときに書いた〈授業と子どもの記録〉と，定年退職後に〈大学の授業のために作った授業プランとその記録〉とで構成されています。どの記事も教育の基本的な「問題」について扱っています。その「問題」は，どれもボクが教師として突き当たって，悩みながら答えを見つけていったものばかりです。あなたにも心当たりがあるものがあるかもしれません。ですから，各記事の読み初めに「問題」が出てきたら，「ボクなら，ワタシなら，どんな答えをするかなあ？　ヤマジはどうしたかなあ？」と予想しながら読んでいただけると，ありがたいです。もともとの記事が「読み物」としてできあがっていたものなので，この本全体も「お話」を読み，「ドラマ」を見るようなつもりで，気楽に読んでいただけるとうれしいです。

もくじ

はじめに …………………………………………………………… 1

① たのしい科学の授業とは？

子どもの気持ちが見える窓 ……………………………………… 8
　表現しないヒロトくんの〈表現〉

僕は天才かもしれない …………………………………………… 25
　〈科学のすばらしさ〉と〈自分のすばらしさ〉について考える

〈集団の授業〉か〈能力別・個別の授業〉か …………………… 37
　大学生と一緒に考える

ヤマジさんの昔話
地球儀 ……………………………………………………………… 59

② たのしい科学の伝え方

「実験」とはどういうものか？ …………………………………… 62
　理工学部の学生さんと学ぶ

「実験が失敗」したらどうする？ ………………………………… 79
　ピンチ！ 予備実験と違う結果が出ちゃった！

「どうして？」と聞かれたらどうする？ ………………………… 88

教える立場・学ぶ立場 …………………………………………… 92
　立場が変わると主張も変わる

〈教師に向いているか，いないか〉について考える …………… 101
　そして何よりも〈教材〉が大事

ヤマジさんの昔話
ボクの進路 ………………………………………………………… 108

❸ 理科から科学へ

「理科離れ／理科嫌い」とその対策 …………………… 114

日本の科学教育の歴史から学ぶ …………………… 128
《政治・教育思想と科学（理科）教育》の授業

ヤマジさんの昔話
名前 …………………………………………… 160

「理科教育法入門」のその先を学ぶ人のために …………… 164
あとがきに代えて

装丁・挿画：浅妻健司　扉デザイン：吉澤愛　本文イラスト：佐藤優太
授業書転載承認 No.160320　ⓒ仮説実験授業研究会

たのしい科学の授業とは？

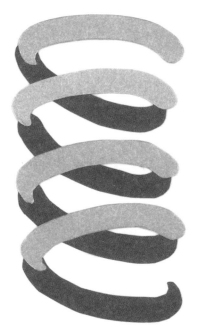

1

子どもの気持ちが見える窓
●表現しないヒロトくんの〈表現〉

そういう子もたまには……いるかな？

　ある年のことでした。話しかけても全くしゃべらない，表情を変えない，文字を読ま（め？）ない，書か（け？）ない男の子がボクの中学校に入学してきました。その子の名は，仮に〈ヒロトくん〉としておきましょう。

　ときどき，〈学校では全くしゃべらないけれど，家ではとてもおしゃべり〉という子がいます。そんな子なら，長く中学校教師をしているボクには「たまにいるんだよね」と，余裕をもって受け止めることができます。でも，ヒロトくんは家でもほとんどしゃべらないみたいです。「言葉を知らない」ということもあるのでしょうか。

　そんな彼のいる１年生クラスで最初にやった授業は，仮説実験授業《ものとその重さ》でした。特に中学１年生には喜んでもらえる自信のある授業書です。そして予想どおり，多くの子どもたちはいろんな議論をし，授業をたのしんでくれている様子でした。しかし，あのヒロトくんはどうだったでしょう。

　他の子どもたちがワイワイやっている中で，彼は確かに教師であるボクのいる方を見てはいるものの，表情も変えず，実験

結果を予想する，その選択肢選びのときにも手を挙げてはくれませんでした。彼の座席のそばまで行って，選んだ選択肢を教えてくれるようにお願いしたこともありました。しかし，彼のプリントを見ると，選択肢ア，イ，ウに丸もつけてありませんでした。彼のためにもう一回，〔問題〕を説明し直したこともありましたが，やはり身動きもしませんでした。

《ものとその重さ》の授業では，ついに彼は目につくような反応をすることもなく，ボクは「仮説実験授業であってもヒロトくんのような子には無理かもしれない」とさえ思いました。

〔ちょっぴり補足１〕**仮説実験授業の《授業書》の対象学年**

仮説実験授業では《授業書》と呼ばれる「ノートと教科書と指導書」を兼ねたものを使います（22ぺも参照）。統一されたカリキュラムはありません。対象学年も，検定教科書とはちがって「小学校高学年くらいから」などと，ずいぶん幅があります。仮説実験授業は年齢・学年にかかわりなく，「日本語で喧嘩することができる子どもなら誰でも」という言い方もあるくらい，たいていの子どもたちに科学の基礎的・基本的な概念や知識をたのしくわかってもらえる授業なのです。

「日本語で喧嘩することができる」とは比喩的な言い方です。これは自分の予想や考え方を主張できるということです。そのことを子どもたちの具体的行動でいうと，〈授業書に示された〔予想〕の選択肢を選んで，丸を付けることができる〉ということでしょう。〔問題〕が理解できなければ，実験結果の〔予想〕の選択肢に丸を付けることもできません。ただし，〈〔問題〕は理解できたけど，まよって〔予想〕の選択肢に丸を付けられない〉ということもあります。ヒロトくんがそのどちらであるかはわかりません。

〔予想〕の選択肢に丸を付ける

　ヒロトくんの担任のマサ子先生は国語の先生です。そういうこともあって,その後も彼に,読む・書くという一番の基本と「そういうときはこんなふうに言うのよ」などという会話の仕方を場面ごとに教え続けてくれたようです。

　そして半年。ボクは仮説実験授業の《ばねと力》をはじめることにしました。こんどは彼にも問題の意味が理解できるでしょうか。問題の予想に手を挙げてくれるでしょうか。

　さりげなく彼のプリントをのぞくと,予想に丸がつけてありました。初めての意思表示です。ボクは「やったね」と思いました。

　しかし,初めのうち彼の選ぶ予想は少数派で,手を挙げると,とても目立ってしまいます。ところが,彼は目立ちたくなかったようで,だからといって,挙げた手を下ろすわけにもいきません。そこで,なんと両手を挙げて頭の上で手を組んで,体をねじったり伸びをするふりをして,ごまかしていたのです。結果としてそれはそれで目立ってしまいましたが,他の子どもたちはそのことを冷やかすわけでもなく,さりげなく受け止めてくれていました。そんなわけで,彼はめげずに最後の問題まで予想には手を挙げつづけてくれました。でも,感想文用紙はあいかわらず名前だけの白紙で,彼の気持ちはわかりませんでした。

〔ちょっぴり補足2〕仮説実験授業における感想文

　私たち教師は,子どもたちの声に耳を傾け,その姿に目を注ぎながら授業を進めていくことになっています。しかし,たいていは元

気な子どもの反応だけをもとに状況判断をしてしまいます。じつは声もあげずにおとなしくしている子どもたちもいるのですが，そういう子たちの気持ちは普通，受け止めることができません。

　ところで，仮説実験授業では授業後に感想文を書いてもらいます。その感想文によって教師は，クラス全体の傾向や，一人一人の気持ちを知るのです。特におとなしい子どもたちの気持ちはこのとき初めて知ることになります。私はこの授業感想文のおかげで，少しは子どもたちの気持ちがわかるようになりました。また，授業中に〈私が感じた子どもたちの全体の印象〉と，〈子どもたちの感想文の内容〉とが必ずしも一致しないということにも気がつき，教師としても成長できたのではないかと思っています。

選択肢で聞く

　聞くところによると，マサ子先生の努力もあって，ヒロトくんは小さい声で少しだけマサ子先生にはお話をするようになっているとのことでした。また，養護のテル子先生も日常生活の基本を特別に教えたりしていたようです。一方，授業でしか関わりがないボクには，彼の言葉の進歩は全くわかりませんでした。

　1年生も後半のある日のことです。1時間目の授業が終わったあと休み時間に，ボクは理科室でつぎの授業の準備をしていました。すると，廊下に人影が見えました。よく見ると，ヒロトくんです。入り口のドアの前に立ってこちらを見ています。ボクはドアを開け，「おお，ヒロトか。遊びに来たのかい？」と声をかけましたが，返事をしません。首を縦にも横にも振りません。「ああ，そうか，ボクとはまだ会話ができる間柄ではなかっ

たのだ」と思いました。それでもわざわざ理科室まで来てくれたなんて，うれしいじゃありませんか。「中に入りな」と言うと，入って来ました。

　ボクは返事を期待することもなく，独り言のように彼にいろいろ話しかけながら授業準備を続けていました。そして，やがて授業の始まりのチャイムが鳴りました。ボクは，「おお，始まってしまった！　急いで教室に戻りな」と言ったのですが，彼は動こうとしません。あれ？　なんか変です。ははーん，これは遊びに来たのではなく，ボクに何か用があったようです。

　「何か用があるの？」と聞いてみたのですが，何も反応がありません。そこでひらめいたのが，仮説実験授業で学んだこと――〈選択肢は問題の一部〉〈問題は選択肢で聞け〉だったのです。あわてて，教卓の上で紙に書きました。

　ア．りかしつに　あそびにきた。
　イ．やまじせんせいに　ようがある。
　ウ．どちらでもない。

　そして彼の右手首を持って紙に近づけ，「どれか指で指してごらん」と言いました。彼の人差し指がわずかに曲がって，「イ」を指しました。そうか。でも，ボクは担任でもなく，つぎは彼のクラスの理科の授業ではないし，何の用件か，これはそう簡単に謎が解けそうにありません。

　すぐにもボクは授業に行かなければならないのですが，少なくとも彼の授業担当の先生には，彼が授業に遅れることを伝えなくては，と思いました。全校時間割の彼のクラスを見ると，つぎの授業は……あっ，体育だ！　急いで，また選択肢を書き

ました。
　ア．ぐわいが　わるいので，たいいくの　じゅぎょうを　けんがくしたい。
　イ．たいいくぎを　もってこなかったので，かしてほしい。
　ウ．どちらでもない。

　また彼の右手首を持って紙に近づけると，人差し指が「イ」を指しました。なんだ，そうか，体育着がなかったのか。でも，それだったら何も理科室の私の所ではなく，職員室に行けばいいのにと思いつつ，いっしょに職員室に行き，貸し出し用の体育着を渡しました。

　「でも，何で，ボクのところに来たのか？」——それは後になってわかりました。その日，母親代わりのマサ子先生はお休みだったのです。そして，そんなとき，いつもならお姉さん代わりの養護のテル子先生のところに行くのですが，この日はあいにくテル子先生も午前中出張で，保健室は閉まっていたのです。つまり，ボクは彼にとって当てにできる第3番目の人だったというわけです。光栄ではありませんか。それにしても，第3番目にボク，山路を選んだのは，自分で言うのも変ですが，正解だったと思えます。なぜなら，他の先生では「選択肢で聞く」という発想はなかっただろうと思うからです。

　さて，このことがきっかけになって，彼との距離はだいぶ近づいた気がしました。ボクは彼と廊下ですれ違うときに必ず「おお，ヒロくん」と声をかけるようになりました。そんなとき，なんと彼の口元がゆるみ，ささやかな笑顔が見られるようになったのです。ボクと彼はそんな関係で1年間が終わりました。

実験結果を書く

　次の年度がはじまると,ボクは仮説実験授業《自由電子が見えたなら》の授業をはじめました。ヒロトくんは,私が特別に心配をしなくても,〔問題〕の予想に丸をつけてくれるようになっていました。それから,少数派でもごまかさずに,堂々と自分の予想に手を挙げてくれるようになりました。

　そして,《自由電子が見えたなら》の最後の授業でのことでした。プリントを1ページから確認しながらみんなで復習し,授業の評価と感想を書いてもらい,終わった子からプリントを私が綴じてあげていたときのことでした。ヒロトくんの番になりました。私は彼のプリントが一部不揃いだったので,揃え直そうとしました。すると,あちこちのページに何か書いてあるのです。それは単に実験結果ア,イ,ウというのではなく,どうやら一問ごとの感想のようです。

　そういえば,実験の結果を書いてもらうとき,ボクは最初に「〈結果ア〉だけじゃなくて,できたらそのときの気持ちを書いておくといいよね。予想が当ったら〈わーい,うれしいな〉っていう簡単なことでもいいから……」と言っていたのを思い出しました。でも,中学生のほとんどは,ただ「ア」などと書いて終わりです。ボクもあまり期待はしていませんでした。だから,ヒロトくんのそのプリントを見てびっくりするやら,うれしいやら。そこで,綴じたプリントをしばらく貸してもらうことにしました。

　以下,彼の感想だけでなく,《授業書》の〔問題〕〔予想〕もセットで紹介することにします。読者のみなさんは,もしこの《授

業書》の内容を知らなければ,いっしょに問題を考えてください。ヒロトくんの気持ちによりいっそう共感していただけると思います。なお,予想欄の丸印は彼が選んだものです。また,「実験の結果」欄の下線部の文は彼が書いてくれたもの(原文のまま)です。

授業書《自由電子が見えたなら》とヒロトくんの記録

第1部 電気を通すもの通さないもの

(前文 略)

〔質問1〕

ここに,電池と豆電球(または豆ブザー)があります。この豆電球(また豆ブザー)と電池を電線でつなぐと,豆電球が明るく光ったり,豆ブザーが鳴ったりします。

そこで今度は,この豆電球(豆ブザー)と電池をむすぶ電線の途中を切って,その切ったところにいろいろなものをはさんで,豆電球がついたり豆ブザーが鳴ったりするかどうかを調べて,「どんなものが電気をよく伝えるか」を調べることにします。ためしに,金物のスプーンを途中に入れたら,豆電球はつくでしょうか。やってみましょう。

***

〔問題1〕

今度は,電線の途中に「1円玉」を入れることにします。豆電球はつくと思いますか。

ヒント:1円玉はアルミニウムというものでできています。

予　想

(ア) 豆電球は明るくつく。

イ．豆電球はつかない。

ウ．その他の予想。

どうしてそう思いますか。

みんなの予想を出しあってから，実験してみましょう。

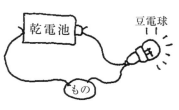

金物のスプーンでは，豆電球が明るくつきました

　　実験の結果　<u>やったよかったです。</u>

＊＊＊

〔問題２〕（以下，筆者の責任で問題文と解説を要約します）

「孔のあいた５円玉」は真鍮（銅と亜鉛の合金）というものでできています。電線の途中にこれを入れたら，豆電球はつくでしょうか。

予　想

ア．豆電球は明るくつく。　　　(イ) 豆電球はつかない。

　　実験の結果　<u>こんどはだめだったです。</u>

＊＊＊

〔問題３〕

10円玉は銅でできています。電線の途中に10円玉を入れたら，豆電球はつくでしょうか。

予　想

ア．豆電球は明るくつく。　　　(イ) 豆電球はつかない。

　　実験の結果　<u>やっぱりだめだったです。</u>

＊＊＊

〔問題４〕

子どもの気持ちが見える窓　17

　100円玉は白銅（銅75％とニッケル25％の合金）というものでできています。電線の途中に100円玉を入れたら，豆電球はつくでしょうか。

　　予　想
　　ア．豆電球は明るくつく。　　(イ)．豆電球はつかない。
　　実験の結果　<u>これもだめだった。</u>

＊＊＊

〔問題５〕
　千円札はどうでしょう。（野口英世の）肖像の頭と胸のあたりに電線の両端をつけて実験します。今度も豆電球はつくでしょうか。

　　予　想
　　ア．豆電球は明るくつく。　　(イ)．豆電球はつかない。
　　ウ．その他の予想。
　　実験の結果　<u>それはあたりまえだ。</u>

＊＊＊

〔問題６〕
　アルミホイルはどうでしょう。電気をよく通すでしょうか。

　　予　想
　　ア．豆電球は明るくつく。　　(イ)．豆電球はつかない。
　　ウ．その他の予想。
　　実験の結果　<u>やっぱりついた。</u>

＊＊＊

〔問題７〕
　サランラップはどうでしょう。電気をよく通すでしょうか。

予　想

ア．豆電球は明るくつく。　　　　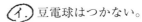イ．豆電球はつかない。

ウ．その他の予想。

実験の結果　　よしやった。

＊＊＊

〔問題８〕

今度はいくつかまとめて実験しましょう。

（豆電球は明るくつく→○，つかない→×）

	予想	実験の結果
木のおはし	×	やった。
鉄　釘	○	やった。
スチールウール	○	やった。
茶　碗	×	やった。
鉛筆の芯	×	ざんせ（ね）ん。

　ヒロトくんは，この〔問題８〕では「鉛筆の芯」を除いて，４問を正解できました。金属の性質がつかめてきた証拠です。なお，「鉛筆の芯」については他の子どもたちもほぼ共通の予想で，正答率が低いのですが，それは当然のことです。「金属ではなく，金属光沢もないのに電気をよく通す例外のもの〈黒鉛＝グラファイト〉」についてのお話が，次に出てくるのです（ここでは省略）。

〔問題９〕

　ケーキなどの上等なお菓子に，ときどきのっている〈直径１

ミリほどの銀色の粒＝アラザン〉は電気をよく通すでしょうか。
　予　想
　ア．豆電球は明るくつく。　　　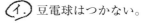豆電球はつかない。
　実験の結果　　<u>なに　ついてた。</u>

「なに」という驚きの言葉が印象的です。ボクも初めてこの問題に出会ったとき,「食べ物なのに,電気をよく通すんだ！」とびっくり,そして,「アラザンの表面には純銀が塗ってある」と聞いて二度びっくりしたことを覚えています。このあとに「自由電子の話」があります（ここでは省略）。

　こうして「第1部」が終わり,「第2部」の終わりまで,すべての実験結果についてヒロトくんは感想を書いています。しかし,後は同じように続くので省略します。

この授業の評価と感想

　さて,ヒロトくんについてだけ書いてきましたが,他の子どもたちはこの授業をどう受け止めたでしょうか。仮説実験授業はヒロトくんのような子に合わせた授業というわけではありませんし,ボクはヒロトくんに特別のことをしたわけではありません。ボクがヒロトくんのために特別なことをしたために,その他の多数の子どもたちを飽きさせてしまっては,集団でする授業としては申し訳のないことです。それに,仮説実験授業では成功・失敗の規準が,〈過半数の子どもたちが「たのしかった」と評価し,「つまらなかった」という子が例外的にしかいない〉ということになっているのです。

全員の評価は右のとおりですが, いかがでしょうか。その他の多数の子どもたちにも歓迎される授業であったといえると思います。

```
２年Ａ組の授業評価（在籍22，欠席２）
5  とてもたのしかった。    10人
4  たのしかった。           9人
3  どちらともいえない。     1人
2  つまらなかった。         なし
1  とてもつまらなかった。   なし
```

参考までに, 一人の女の子の感想文を紹介しておきます。

　　評価　5　とてもたのしかった　　　　　松野サワ子

　（金属が）ピカピカしているのは自由電子が動き回っているからだと聞いたとき, ビックリしました。自由電子って何？

　どうして動き回れるの？　と疑問に思ったことはいくつもありましたが, 授業を受けて答えがわかったので良かったです。

〔ちょっぴり補足３〕仮説実験授業の授業評価

　仮説実験授業では, 授業の成功・失敗は授業を受けた子どもたちの評価で決めます。しかも第一の評価基準は「たのしかったかどうか」なのです。第二の評価基準「わかったかどうか」は授業の後に行なうテストで平均点が80点を超えることです。

　ではなぜ「たのしかったかどうか」が最優先の規準なのでしょう。読者の中には「授業がたのしいなんて, 子どもたちをあまやかしている」とお考えの方もいるでしょう。でも, この《自由電子が見えたなら》の第１部の授業構成だけでもごらんになれば, その中で「シャレ・冗談・ゲームなどのたのしさ」は追求していないことに気づかれるでしょう。

子どもの気持ちが見える窓　21

　この授業は,〈世の中にあるすべてのものが,「電気をよく通すか,ぴかぴか（金属光沢があるか）どうか」で,金属かどうかを見分けることができる〉という知識（金属概念）の習得を目指しています。こと金属に関しては,未知の物質であってもドンピシャリの予言ができるようになるのです。しかも,その結果,授業を受けた子どもたちは知識だけでなく,哲学的な世界観が広がり,周辺の問題についても見通しが持てるようにります。その哲学的な部分も「たのしい」と言ってもらえる大きな理由になっているのです。

　さて,このときのヒロトくんの評価と感想はどうだったでしょう。〔以下は校正後の感想文。右の枠内が原文〕

| 5 | いままでやってきて,わからないことがわかりました。それにたくさん問題で当たったことがあったり,はずれた時もあった。でもたのしかったです。 |

　私はヒロトくんのこの感想文と,一問ごとに結果と感想が書いてある冊子を手にし,彼の授業中の気持ちが見えてきて,とても幸せな気持ちになったのでした。

子どもの気持ちが見える窓
　もう三十年も前のこと,私が仮説実験授業を始めたばかりの頃,私の友人で出版社の編集をしていた竹内三郎さんが私に言っ

てくれたことを思い出します。当時，私は自分で文章を書くのがとても苦手でした。そこで，「どうしたら文章が書けるようになるでしょうか？」と聞いたときのことです。竹内さんは言いました。
「文章というのは，書くに値することがあったとき書けるものです。あなたには書くに値するものがありますか？」
と言うのです。

　私は今，すてきなヒロトくんの成長ぶりを読者のみなさんにお知らせしたくてこの文を書いています。同じようにヒロトくんは授業中の実験結果が出たときの気持ちを表現したくてプリントに書き込み，また，授業全部の感想を私に伝えたくてこの感想を書いてくれています。

　仮説実験授業の「感想文」は子どもたちに「お願い」して書いてもらいます。「書かせる（強制）」ことはしていません。だからなおさら，特に文字を書くのが苦手な子が書くというのは，この授業の内容が本当に書くに値することだったのではないかと強く思うのです。

　仮説実験授業には，ヒロトくんのように表現が苦手な子も，選択肢に○をつける，自分の予想に手を挙げる，実験結果を書く，評価と感想を書く，といういくつもの場面で，自分を表現することができます。そして，教師である私にとっては，どの場面も子どもたちの気持ちが見える大切な窓なのです。

〔ちょっぴり補足4〕**授業書とはどういうものですか**
　ここで紹介した《自由電子が見えたなら》のことを《授業書》とい

子どもの気持ちが見える窓　23

います。これは，熱心な教師ならだれにでもマネすることができる一般的な教材として完成されたもので，教科書とノートと指導書をあわせたようなものです。

　ではその《授業書》とは，どんな考えから生まれたものなのでしょう。つぎの文を読んでみてください。

　これまで教案というものは「一人ひとりの教師の手によって個性的なものが作られなければならない」と考えられてきました。しかし，これまでの理科の授業が効果的に行なわれなかったのは，「その教案がその教師やクラスの個性にあっていないからではなくて，それが，科学的認識が成立するために必要な順序をとっていないからだ」ということに注意する必要があります。個々の教師に教案を作らせるよりも前に，どの教師がどのクラスでやっても効果的な授業が実現しうるような，そういう一般的な教案の作成の研究が実現されなければならないのです。

　もっとも，ここで，「そんな，だれがやってもうまくゆくような教案などというものが本当にできるのだろうか」という疑問が生ずるのも当然のことです。そこで，そのことは実験的に研究してみるよりほかはありません。ある教師があるクラスで授業をやってうまくいった教案があったら，他の教師が他のクラスでもその教案を使って授業をやってみる。そして教師やクラスの個性に関係なく効果的な授業が実現できるような教案がないものかどうか，さがすのです。仮説実験授業の《授業書》というのはまさにそういう実験的研究の産物なのです。教案——授業の展開の順序をクラスの子どもたちにわかるようにしておいて，「同じ《授業書》で授業をやったらいつも同じような成果が得られるかどうか」ということをしらべようとして作成されたのが《授業書》なのです。（板倉聖宣「これまでの理科教育の欠陥」『未来の科学教

育』）

　ボクはこの《授業書》というものを知ったとき，とてもびっくりしました。「教師は自分がやる授業は自分で組み立てるのが当たり前だ」と思っていたからです。

　でも考えてみると，何か変です。科学（理科）を教える教師の授業が，職人技・名人芸の世界と同じような孤独な修業や「ワザを盗む」方法でしか上達しないとしたら，とても「科学的」とは言えなくて恥ずかしいことだからです。

　この文が掲載されているのが次の本です。

　板倉聖宣『未来の科学教育』（仮説社，2010）

　この本は仮説実験授業《ものとその重さ》の授業記録を元に，この授業の考え方が書いてある本です。実際の授業での子どもたちの反応や感想も一般化して紹介しているので《ものとその重さ》の授業のイメージを作ることができます。この授業を全く知らない人に向けて書かれたオススメの入門書です。

僕は天才かもしれない
● 〈科学のすばらしさ〉と〈自分のすばらしさ〉について考える

　あなたは「科学のすばらしさ」といったら，どんなことを思い浮かべますか？　では，「自分のすばらしさ」といったら，どんなことを思い浮かべますか？

　子どもたちは（あるいは人間は）どんなときに「ボク（ワタシ）もまんざら捨てたものではないな。いや，なかなかたいしたもんだ！」と自信を持てるようになるのでしょうか？　クロールで100メートルが泳げるようになったとか，野球でホームランを打ったとか，試験で満点を取ったとか……。ありそうですね。

　では科学の授業ではどうでしょう。科学の授業中に「自分がすばらしい」なんて思えることがあるのでしょうか？　ボクにはそういう経験がないのでイメージができませんでした。しかし，授業の中で「自分がすばらしい」と思える子が現れたとしたら……。

　これから，ある中学３年生のクラスの《力と運動》の授業と，ある男の子の活躍をもとにして，〈科学のすばらしさ〉と〈自分のすばらしさ〉について考えてみることにします。

　　　　　　　　　　　（以下の登場人物はすべて仮名です）

目立つの大好き少年

　翔悟くんは明るい男の子。「目立つの大好き少年」です。思ったことはすぐ口に出し，みんなを盛り上げるムードメーカー。勉強はあまりできるとはいえない方です。だから，間違えることには慣れているようで，失敗もおそれません。失敗したら，また笑いを取れて目立てるからでしょうか。ボクの授業では，いつも活躍してくれる子でした。

　ところが，ときに不用意な言葉で，おとなしい子を傷つけてしまったり，気軽にウソを言ってしまうこともありました。そういうスキが原因で，他のクラスの元気少年にいじめられることになってしまったのです。そして，たぶんそのことが原因で学校に来なくなってしまいました。担任の礼子先生によると「みんなと一緒に生活する自信がなくなった」ということでした。

　ボクが《力と運動》第1部「力と加速度」の授業を始めたのはそんな時期でした。子どもたちは喜んでくれましたが，翔悟くんがいない教室・授業はちょっぴりスパイスの足りない料理のような寂しさがありました。

　そして数ヵ月後。クラスメイトの協力や，担任の礼子先生の励ましで，なんとか翔悟くんはまた学校に来ることができるようになりました。ちょうど，ボクの仮説実験授業《力と運動》は第2部「慣性の法則と相対性原理」が始まったところでした（このときの授業書は，2007年・第4版の試作版です）。

　〔問題1〕の「一定の速さで走っている電車の中で，ビー玉を落としたら，どのへんに落ちるか」は，すでに修学旅行の新幹線の中で実験しました。翔悟くんが登校してきた日は，〔問題2〕

の「前の問題で,電車の外から見たら,どのように見えるか」と,〔問題3〕の「ビー玉を落としたすぐ後で,電車がブレーキをかけたら」という二つの問題をやりました。翔悟くんは〔問題3〕の予想をまちがえてしまいました。しかし,続く「慣性の法則」というお話で何か腑に落ちるものがあったのでしょう。つぎの時間から元気に意見を言い始めたのです。

つぎの時間の初めの問題は,右のようなものです。いかがですか? この問題にはじめて出会ったという読者のあなたは,つぎのア～ウのどの予想が正しいと思うか,選んでみてください。

クラスの子どもたちの予想分布はつぎのようになりました。

　ア……0人。

　イ……20人。

　ウ……9人。

〔問題4〕 おもちゃの車があります。上のつつからばねじかけでビー玉を真上に打ち上げるようにできています。
　この車が一定の速さでまっすぐに走っているとき,つつから打ち上げたビー玉は,どのへんに落ちてくると思いますか。

予想
　ア.ビー玉はつつより前に落ちる。
　イ.ビー玉はつつより後ろに落ちる。
　ウ.ちょうどつつの中に落ちる。

理由と討論

雄太くん(ウ)「ビー玉も車といっしょに走っているから,打ち上げても慣性でまた筒の中に落ちる」

──「慣性の法則のお話」を使ってるなあ。
みどりさん（ウ）「私も同じです」
一成くん（イ）「ビー玉は真上に打ち上げるから，その間に車は前に進んでしまうと思います」
　　　──直感でいくならこれですよね。論理的にも間違いない。
穣治くん（イ）「ビー玉も慣性で前に行くかもしれないけど，空気の抵抗で車より遅れるから，後ろに落ちる」（たくさんの人が，うなうなとする）
　　　──そうか，空気がビー玉の慣性をじゃますることがあるか。なるほど。
翔悟くん（ウ）（すくっと立ち上がり，元気に穣治くんの理由に反論です）「ビー玉に空気抵抗が働くなら，車にだって同じように空気抵抗は働く。だったら，やっぱり筒の中に落ちるはずです。この問題は慣性の法則だけで考えればいい」
　　　──あっ，そうだ。車だって空気の中を走っているよな……。

　ボクは空気の抵抗まで考える穣治くんもなかなかだなと思っていたのですが，すかさず「車も空気抵抗の例外ではない」という発想ができる翔悟くんもすごいと思いました。どの意見にも感心してしまいます。
　さて，これで意見が出尽くしました。中３にもなると，討論がシャープですっきりしています。

いざ，実験

　教室の真ん中に通路をつくり，台車を置きます。みんなが見

に集まって来ます。
　「ぜってぇー（絶対）後ろに落ちるよ。こんなの決まってんだろ！」「いいや，つつの中だ！」「ほんとだな！」「間違ってたら，どうする？」「間違えるわけな〜い！」「賭けるか？　勝ったら……」
ヤマジ「ここで賭け事をしないでくださ〜い！」
　直前まで，言い合いをしている彼らです。では実験です。
ヤマジ「いち，にの，さーん！」
　ボクは車を走らせました。車からビー玉が打ち上がります。そして……上にあがったビー玉はまた，つつの中にスコンと落ちてきました。結果は「ウ．ちょうどつつの中に落ちる」でした。
　「ええ〜！！」「だから，言ったろー」「ほんとかよー」「先生，もう一回！」
　教室の中は騒然となりました。

＊

　その後の授業でも翔悟くんは，どの〔問題〕も自分の予想についての意見を発表し続けました。そして，なんと最後まで予想が当たり続けたのでした。このクラスでは，第２部での授業評価はつぎのようになりました。

②つまらなかった，①とてもつまらなかったは０人

⑤とてもたのしかった 23人（70％）	④たのしかった 8人 （24％）

③たのしかったとも，つまらなかったとも，どちらともいえない　2人
（6％）

　３年生７クラスともだいたい同じような割合になって，すご

くいい評価をもらったなあと思いました。

僕は天才かもしれない

　さて，第2部「慣性の法則と相対性原理」を終わっての，翔悟くんの感想を見てみましょう。

　★「慣性の法則」の授業は，とてもたのしかったです。なぜかわからないけれど，いつも問題を見ると，すぐ答えがわかってしまいました。そんなとき「僕は天才かもしれない」と思い，心の中で少しナルシストになっていました。　（評価⑤　翔悟くん）

　自分のことを「天才かもしれない」なんていう感想文に，はじめて出会って，私は「なんかうれしいけど，この感想文はどのように受け止めたらよいのだろう」と思いました。「天才かもしれないと思う」ということは「自分もなかなかやるじゃん」と思えたということ，自分に自信が持てたということでしょうか？

　そこで，このことについて，授業書を作った板倉聖宣さんの言葉を調べてみました。すると，翔悟くんのように，〈自分がすばらしいと思える〉ということについて，こんなことを言っていました。

　　科学のすばらしさというと，たいていの人は「そう，科学って本当にすばらしい」と賛成します。しかし「科学のすばらしさ」を言う時，たいていの人が頭にえがいているのは，「誰か頭のいい科学者のすばらしさ」と，もう一つは「科学が発見した自然の美しさや，その科学にもとづく技術的発

明のすばらしさ」のどちらかです。

——そう，その二つのどちらかでしょう。

でも，それじゃまったく不十分——いや，それだけでは科学というものはスバラシイのかイヤラシイのかわからなくなってしまうと僕は思うんですよ。

——えっ？　なんですって！　どういうことですか？

「その科学が自分のものとなりえた」ということにならないと，「自分にとって科学がすばらしい」とはいえないと思うんですね。「科学を自分のものとできる，そういう〈自分自身のすばらしさ〉」といったものが認められるようにならないと，それは科学のすばらしさとは言えないのじゃないかと思うわけです。

——なるほど，そういうことですか。「だれか頭のいい科学者のすばらしさ」だったら，そこにボクはいない。だれかにはわかって，ボクにはわからない。そんな，ボクの手の届かない所にある科学では，すばらしいというのではなく，むしろコワイなあと思います。

そこで仮説実験授業では「科学を自分のものにできた，その自分のすばらしさを教えるために科学を教えよう」としてきたわけです。それが仮説実験授業の科学観，教育観の基礎となっているわけです。(板倉聖宣「〈自分のすばらしさ〉を発見する授業」『たのしい授業の思想』仮説社)

そうか，〈「科学の法則がわかる自分がすばらしい」と思える〉ということが重要なんだ。第2部最後の〔練習問題〕では，たくさんの子が正解できて，「ボク・ワタシって，慣性の法則がわ

かっちゃうんだ。すごーい」と思ったのではないか。「授業がたのしい」という言葉の基になっている感動は〈「科学の法則がわかる自分がすばらしい」と思える〉ということではないか——子どもたちの感想文を読んでいると，そんなふうに思えてきたのです。感想を二つ紹介します（下線は山路）。

　★実際に実験をとおして教えてくださったので，とてもわかりやすく，しっかりと覚えることができました。実際にやるとやらないとでは，全く違うなと思いました。口だけで説明されるより，実際にそれを自分の目で見た方が理解できるし，<u>発見する喜びが増す</u>と思いました。様々な意見が出てくるのも，実際に自分の目で見たことから，想像力もふくらむのだなと思いました。

（評価⑤　愛さん）

　この「慣性の法則」の授業はつぎつぎと大がかりな実験があるので，体力がいります。ボクはけっこう息切れしながらやってきました。その実験で「発見する喜び」なんて言ってもらえて，とてもうれしいです。「発見する喜び」の言葉のむこうに愛さんの「法則を発見したワタシってエラーイ」という声をボクは想像しています。

　★慣性の法則というのは，とても簡単に見えるけど，<u>本当は奥が深いものだとわかりました。自分は，</u>〈（一定の速さで走っている）電車の中で（おもちゃの大砲の）玉をとばしたら，（電車の外から見たら）どう見えるのか〉という実験が一番びっくりしました。自分も，自分の子どもに「どうして？」と聞かれたら，理由を答えられるような大人になりたいと思いました。

（評価⑤　穰治くん）

じつは，ボクはこの授業書《力と運動》の改訂作業をしたのですが，そこで板倉聖宣さんと話す機会がありました。そのとき板倉さんはこんなことを言っていました。

「中学・高校の理科（物理）の先生は慣性の法則をわりとすぐわかっちゃうんだけど，子どもたちや普通のオトナにはとてもわかりにくい法則なんだよ。物理をやった先生たちは自分たちがすぐわかっちゃうから，何で子どもたちがなかなか理解できないのかということが理解できないんだ」

そう，このボクも慣性の法則をわかったつもりでいました。でも，この授業書をやって，自分の理解がとても浅かったことがわかったのでした。「本当は奥が深いものだとわかりました」という穣治くんの感想に共感します。ボクも，そういう奥の深いものを理解できた自分をエライと思えました。

他人のすばらしさの発見

ここでちょっと疑問がわいてきました。「〈自分がすばらしいと思える〉と言ったって，それって，ひとりよがりじゃないの？」ということです。すばらしいと自分で思っているというだけでは「単なる思いこみ」ではないでしょうか？　でも，この授業では，たった一人だけが〈自分がすばらしいと思える〉ということはありません。子どもたちのたくさんの「たのしかった」という評価があり，感想文があります。感想文を紹介すると「評価の交流」も起こります。言うならば「ひとりよがり」ではなくて「大勢よがり」（山路造語）です。

そしてまた，この授業では〈お互いを評価しあえる〉別の方

法もあるのです。その方法を「科学の授業ベストテン」と言います。

　＊科学の授業ベストテン：科学の授業で活躍した人をクラスみんなの投票で決める授業内行事。小原茂巳さん（明星大学）の発明。

　ボクは「科学の授業ベストテン」をこのクラスでもやってみました。このときは持ち票を「一人３票」とし，投票してもらいました。開票の結果は次のようになりました。

☆第１位：翔悟くん　27票

　理由：授業中に発言することが多かったし，すすんでプリントを読んでくれたから。おもしろかった。頑張ってた。

☆第２位：雄太くん　23票

　理由：意欲がすごかった。意志を貫いていた。読んだり発表をして，がんばっていたから。

☆第３位：一成くん　21票

　理由：すすんで手を挙げ，発言もたーくさんしたから。授業をよりよく楽しませてくれたから。（第４位以下略）

　これだけの証拠がそろえば，「ひとりよがりの思いこみ」という批判は当たらないでしょう。そう，授業の中で子どもたちは「他人の（お互いの）すばらしさの発見」もしているのです。

　先の本の中で，板倉さんはこんなことも言っています。

　　ところで，「自分はすばらしい」というのは自分でそう思うのだから絶対評価だけど，自分でそう思えるためには「すばらしさ」の相対評価も考えなくちゃならない。人間は「人」であるだけでなく「間」の面もあるから「人間」なんで，

自分が他人の間で何か役に立つ存在であることがわからなければ，自分をすばらしいとは思えない。
　（中略）
　たとえば「障害児を普通の人間とできるだけ同じにしよう」という授業をしたりするでしょ。でも，いくら努力しても同じにやれないことはいっぱいあるわけだ。そうすると，そういうのは「いくらやってもふつうの人と同じ人間にはなれない」ということを証明するための授業になってしまう。序列化に反対しながら，序列化が避けられない。序列にも意味があることを明らかにするような授業になってしまうんです。だから，そうじゃなくて，<u>「あることは出来なくたって，別のあることでちゃんと他人に役立つことがあるんだ」</u>ということを，自分自身で感じられるようにしなくちゃならないと思うんだけどね。他の人が一生懸命説得したってダメです。気づかせることは大事だけど，本人がそう思えなければいけない。（下線は山路）
（板倉聖宣「〈自分のすばらしさ〉を発見する授業」『たのしい授業の思想』仮説社）

「あることはできなくたって……他人に役立つことがあるんだ」う〜ん，確かに翔悟くんは勉強が苦手なタイプの子です。でも，自分がみんなより先に納得できた「慣性の法則」をみんなに説明しまくっていました。みんなの理解を助けていました。それで「僕って，天才かもしれない」と思えたんですね。

自信を持って卒業

　その後,この授業は第3部「質量と力と運動」に入り,中3の卒業直前まで続きました。そして,他のクラスの最後の授業での感想にもつぎのようなものがありました。

> ★予想するときとか,法則を気にしないで考えてしまうとハズレてしまうことが多かったけど,法則のコトを考えて「〜カナ？」って思うと当たるようになりました。難しいこともあったけど,すっごい楽しい授業でした。終わってしまうのは少し残念ですが,ありがとうございました！　　　　（評価⑤　保奈美さん）

　この授業では〈「科学の法則がわかる自分がすばらしい」と思える〉というのは特別のことではないようです。

　そして,かの「天才かもしれない」翔悟くんは最後の授業で,こんな感想を書いてくれました。

> ★一年間ありがとうございました。先生のおかげで,理科がとっても好きになりました。この一年間の経験を生かし,高校でも天才的な理科人間になっていきます。　　（評価⑤　翔悟くん）

　いじめられて,自信をなくして学校を休んでいたことがあったなんて,とても思えません。自信に満ちた翔悟くんの,卒業宣言ともとれる感想文にボクは感動します。

　「自分のすばらしさの発見」というとちょっとカッコイイ言い方ですが,子どもたちの言葉で言うと「〈ボク・ワタシって,こんなすごい知識や法則を身につけて,エラーイ！〉と思える」ということでしょう。そして,その「エラーイ！」が,独りよがりの思いこみではなく,お互いに高く評価しあえるところが本物だと思うのです。

〈集団の授業〉か
〈能力別・個別の授業〉か

●大学生と一緒に考える

　これはボクが以前に書いた「超乱暴生徒とボク」(『たのしい授業』1997年9〜11月号, No.187〜189)の一部分を再構成して, 大学(教育学部2年生)で授業をした際の記録です。「超乱暴生徒とボク」の一部とボクの用意した「講義ノート」を読みながら, 授業を進めました(「超乱暴生徒とボク」は字下げをして, 「講義ノート」は字下げ及び字体を変えてあります)。

ヤマジ　きょうは「〈集団の授業〉か？〈能力別・個別の授業〉か？」という, ちょっと難しいテーマで授業をします。では, 読んでみましょう。

超乱暴生徒・ガルベス君

　ある年の4月, 一人の大柄な新入生がボクのクラスになりました。その子がすごく乱暴だったというウワサは, ボクの耳にも入っていました。その子の名は, ガルベス君(これはあだ名で, 日本人です。中学1年生)。

　入学して1ヵ月くらいしてから, 彼の暴力は始まりました。最初の大きな事件では, 事情を聞こうとしただけで「うるせー！」と掲示板をバーンとたたいて, ボクを脅しました。その他, ケンカ, 恐喝, イジメ, 授業の先生に反抗……その

> 程度の事件は,書き切れないほどありました。
>   一方彼は,日常会話はできますが,文字の読み書きがほとんどできません。

ヤマジ　彼はひらがながやっと読めるくらいかなあ…。つぎに質問です。これを考えてください。

> 〔質問O〕
>   あるとき,某大学の学長A先生が山路先生の授業を見学した後に質問しました。「あなたの授業のとき,一人の男の子が先生の配られたプリントをぜんぜん見ないで伏せていたが,どういう子なのか」——ガルベス君のことです。そして「ああいう子は,他の子といっしょにしてはいけない。その子は別のところで,その子に合った学習をしなければいけない。それは〈差別〉というのではなく,〈能力に合わせて〉ということです」と言いました。
>   あなたは,このA先生の意見についてどう思いますか。理由もあれば教えてください。
>   ア．どちらかというとA先生の意見に賛成。
>   イ．どちらかというとA先生の意見に反対。
>   ウ．どちらとも言えない。

ヤマジ　ガルベス君は文字が読めないというより,文字を見たくないという感じで,机にうつぶせになっていたんですね。A先生はそのことについて言ったんです。あなたなら,どう思い

ますか。自分の考えに近いものに手を上げてみてください。

　ア．賛成　　　　　　　　33人
　イ．反対　　　　　　　　 7人
　ウ．どちらとも…　　　　31人

代々木君（イ）　ぼくはインターンシップで小学校に行ったんですけど、そのクラスに集団行動が苦手な子がいて、担任の先生は「その子を他の子と別にしてということは考えちゃいけない。やっぱり、どんなことがあっても、彼はクラスの一員なんだということを考えて接しなさい」って教えてくれました。
ヤマジ　なるほどね。
林君（ア）　今の代々木君の意見と全く反対なんですけど。ぼくもインターンシップで、担任の先生が「先生には他の子の学習環境も整えてあげなくちゃいけない責任があるんだから、その子は別のところでもちゃんと先生がついて、その子に合った指導をしてあげる必要がある」と言われて、そうだなあと思いました。
ヤマジ　これはまた、正反対の意見ですねえ。現職の先生でも意見が違うんだから、学生のみなさんの意見が違うのも自然かもしれません。
原君（ウ）　本人の希望を聞いてから考えます。こういった、考える授業なら、一緒にやった方がいいと思います。でも、一人で問題を解くとなると、話は別です。どちらにせよ、本人に決定権を与えるのがいいと思います。

兵庫君（ウ） いっしょにできる科目，音楽とか，体育とかはみんなといっしょにやって，それ以外の授業では個別の課題を出してやらせるか，別室で勉強するのがいいのかなと思いました。
ヤマジ なるほどね。では，私はどうしたでしょう。つぎを読みましょう。

> 山路先生はせめて授業のプリント《授業書》は読めるようになってほしいと思いました。

ヤマジ ボクは理科の先生ですから「理科の授業は楽しんでほしいなあ」という気持ちがありました。

> そのため特別に漢字を教えようと思いました。２学期の最初に「ボクと，放課後，字のベンキョウしてみない？ 文字を読めない，漢字も全然知らないままにしておくと，世の中に出てから，人にだまされたり困ったりするんじゃないの？」と言ってみました。すると，彼はこの誘いに乗ってくれて，毎週１回，放課後に絵本を読むことと，小学１年生の漢字ドリルを始めたのです。

ヤマジ 担任としてはそんなことをしていました。一方で，理科の授業は進んでいきます。

> **今日のガルベス君は…**
> 今日から《ばねと力》第３部です。

ガルベス君は、最近は授業中、寝ることがほとんどなくなりました。でも、ぜいたくなもので、起きて騒ぎまくっている姿を見ると「寝ていた方が教室の中はどんなにか平和だろう」などとも思うのです。

さて、今日のガルベス君は、起きているのに、なんと静かです。〈具合でも悪いんだろうか〉なんて思ってしまいます。

彼は配った問題のプリントを、ムズカシそうな顔をして見ています。

ここで、あなたも、この問題を考えてください。あなたはどの予想を選びますか。理由も考えてください。

〔問題１〕

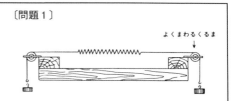

ばねにひもをつなぎ、図のような道具をつかって、その両はしに重さ20gのおもりをつりさげました。すると2cmあったばねが6cmのびて8cmになりました。

つぎに、一方のおもりをはずして、下の図のようにひもを結びつけることにします。ばねはどのくらいのびるでしょう。

予想
ア．前のときの半分くらいのびる。
イ．前のときと同じくらいのびる。
ウ．前のときの２倍くらいのびる。

ヤマジ　みなさんも中学生に戻ったつもりで、この「問題」を考えてください。

大学生の予想
ア．半分　　36人
イ．同じ　　21人
ウ．2倍　　 6人

ヤマジ　では，子どもたちの予想分布を見てください。

> 子どもたちの予想分布は…
> ア．半分くらいのびる　　19人
> イ．同じくらいのびる　　16人
> ウ．2倍くらいのびる　　　3人

ヤマジ　分布の仕方がなんか，みなさんの予想と似ていると思いませんか。アとイで半々くらい，ウが少数派です。こういう問題を出したときに，個人個人はそれぞれに考えて予想を立てるんだけど，こうして教室というところで授業をしてみると，統計的には法則性が見えてきます。そういう法則性を見つけると，子どもたちに楽しんでもらえる流れというものを教師側は予想して考えることができます。

ヤマジ　さて，みなさんも，議論をしてみましょう。まず理由を聞かせてください。
加茂さん（ウ．2倍）　左側におもりがなくなったから，もっといっぱいひっぱられるかなと思って。
田原さん（ウ．2倍）　左が固定されているので，その分，反対側（右）に重心がかかって，いっぱい伸びるんじゃないかな。

岩瀬さん（イ，同じ）　重りが１個になって，左は引っぱってないけど，右はさっきと同じだけ引っぱっているから，同じだけ伸びる。

青野君（イ，同じ）　片一方（左）が止められているから，おもり１個でも右は同じだと思います。

橋本君（ア，半分）　はい。初めは，おもり２つ分の重さで両方から引っぱられていたから，おもりを１個にしたら重さも半分になって，ばねののびも半分になるんじゃないかなあ，と思って。

山内さん（ア，半分）　同じ意見です。

ヤマジ　それぞれ理由を出してもらいましたが，みんなもっともらしいです。でも，３つの予想のうち２つはウソです。あれは違うんじゃないかなという意見があったら聞かせてください。いっぱい，いろいろ考えてください。むずかしい？　間違えているのにはどこかにウソがあるよね。自信がありますか？

田中君（イ，同じ）　むずかしいよね。自信，ないなあ。オレ，〈なんとなく〉だから。

三津木さん（イ，同じ）　ちょっと考えたけど，考え切れなかった。でも，２倍じゃない気がするんだよね。20グラムだから，20ずつ両方で，こうなって，びよーんてなって，おもりを片方だけにしたら，右側は20グラム分の力で引っぱるけど，反対側も20グラム分の力が加わって，みたいな……そしたら，同じ！

田中君（イ，同じ）　壁にヒモをつけて引っぱったら，壁も引っぱってくれるから，つりあって止まるんだと思うんです。右側に20グラムのおもりをつるすでしょ。そしたら，左側も20グラム分の力で引っぱらなかったら，ずーっと右側に行っちゃう

と思うんです。だから，左も 20 グラム分の力で引っぱって，つりあって止まると思うから，同じだけ伸びる。
ヤマジ　じゃあ自信のある人？
　ア．半分　　０人
　イ．同じ　　３人（田中君　僕らがいちばん自信率が高い！）
　ウ．２倍　　０人
ヤマジ　では，実験してみましょう。いち，にーの，さーん！……伸びは同じくらい。結果は「イ」でーす！
――わあー！　ええっ！　ほらね。　はい，来たー！　やったー！　パチパチパチ（大学生の教室も大騒ぎです）
三津木さん（イ．同じ）　さっき私が言った理由で正解でしょ。
ヤマジ　じゃあ授業の記録に戻りましょう。

> 　子どもたちはどんな理由を出すと思いますか。ガルベス君はどれを選んだでしょう。

三津木さん　ガルベス君も，きっと私と同じ「イ」を選んだと思います。
田中君　ガルベス君は単純だから「ア」を選んだと思います。
ヤマジ　ガルベス君は「ウ」を選びました。
みんな　わはは。

> マサアキ君（イ）　くいもひっぱりかえしているから，おもりが２つのときと同じだ。
> アキラ君（ア）　おもりが半分になったんだから，ばねののび

も半分。
ガルベス君（ウ）　あたりまえじゃん（ウ）に決まってる。
〔実験〕
ヤマジ　じゃ，実験するよ。いち・にの・さーん！　はい，結果はイ。ばねののびは　同じ！

　キーンコーン，カーンコーン……チャイムが鳴り，パニック状態の中でボクは絶叫します。「はい，おわりー，おわりーイ！」
学級委員「キリーツ。レイ！」
　この「キリーツ」と「レイ！」の間にガルベス君は他の子を乱暴に押しのけて，前に出てきました。ボクはガルベス君と教卓の上の実験器具をはさんで向き合うことになりました。彼はこわい顔をして教卓にバーンと両手をつきました。ボクは思わず一歩後ろに下がりました。彼は叫びました。

ヤマジ　彼は何と叫んだと思いますか？
田中君　「ずるだ！」
橋本君　「なんでだ？」
三津木さん　「ほんとだ！」
ヤマジ　いいですねえ。そう，そういう気持ちですね。彼はこう言いました。

> 「なぜだー！ ヤマジ教えろ！（命令形）」

ヤマジ　ボクのこと呼び捨てですね。ボクのことを「センセイ」と言うまでに，時間がかかりました。この頃はまだ呼び捨てです。

> それはそれは大きい声でした。実験後の嵐のようなざわめきの中でも全員に聞こえそうな大きい声でした。

ヤマジ　さて，ここで質問です。

〔質問１〕
　さて，あなたが先生だとしたら，こんなときどんな対応をしますか。理由もあれば書いてください。
　ア．理由を教える。
　イ．理由は教えない。
　ウ．ヒントだけあげる。
　エ．その他。
　理由（　　　　　　　　　）

大学生の予想
ア．教える　　　　８人
イ．教えない　　　６人
ウ．ヒントだけ　　45人
エ．その他　　　　０人

加藤さん（イ）　もう時間も終わりだし，一人の子にだけ教えるのは不公平だから，どうしてか次回までに考えておくように言います。
白井君（ア）　前は寝てたりしたのに，せっかく実験に興味を持ってくれたから，理由くらいは教えてあげようと思います。
井口さん（ウ）　ここでこのまま全部教えてしまうと，自分で考えなくなってしまうと思うから，ヒントをあげて「次の授業までに考えてきてもらって，いっしょに確認しよう」と言ってあげる。

> 山路先生の対応は…「イ」でした。
> 山路先生の理由〔子どもたちの頭の中に仮説ができていくのを待ち，押しつけを排除するため〕

ヤマジ　教えない理由はね。……教えるというのはタイミングがあります。一番効果的に教えられるときに教えるのが「教える」ということです。今この段階ではちょっとおあずけにしておきます。もう少し〔問題〕を重ねて〔お話〕を読んで，それでようやく「ああ，そうだったのか」って，わかってもらう途中の段階です。だから，ちょっとイジワルのような感じがするかもしれませんが，教えません。

　子どもたちは今，自分自身で，実験を積み重ねて，「これは違ったな。じゃあこっちかな？　これが正しいな」と自分で選び取って自分の論理を組み立てている最中です。そこにボクの理由説明が割り込んでしまわないようにしたかったんです。ボクが言

うと，子どもたちは納得がいかなくても「先生が言ったことだから」って受け入れちゃうんです。こういうのを押しつけと言います。押しつけはできるだけ排除したかったということです。
　ボクもまだ若くて頑張っちゃいました。今ならヒントぐらいあげたかもしれませんね。

ヤマジ「つぎの時間になればわかるから，おたのしみにね」
ガルベス君「だめだ，教えろ。いま知りたい！」
ヤマジ「そりゃ困った。でも教えるわけにはいかん」
かれは「うう〜」と唸り始めます。困ったなあと思ったとき…
ガルベス君「オレに，もう一回やらせろ！」
ヤマジ先生は「いいよ」と言いました。そして実験…，結果は同じ。
ガルベス君は「なあーんだ。こんなの簡単じゃん」と言うとさっと教室を出ていってしまいました。

「こんなの簡単じゃん」
　さて，次の時間は〔問題１〕の後のお話〔反力＝反作用の力〕から始まりました。続いて〔問題２〕です。
　あなたはどの予想を選びますか。理由も考えてください。
　子どもたちの予想分布は
　ア．37人
　イ．1人
　ウ．0人

〈集団の授業〉か〈能力別・個別の授業〉か　49

大学生の予想
ア．同じ　　29人
イ．A　　　17人
ウ．B　　　 5人

タカユキ君（イ）「手が引っ張るんだから，手に近い方がたくさんのびる」
ヤマジ「じゃ，アの人はたくさんいるからだれか代表で理由を言ってくれないかな？」
……しぃ～ん
……いつもにぎやかなクラスなのに，きょうは静かです。

〔問題2〕
　ここに2つのばねA，Bがあります。どちらも同じおもりをつりさげたら，ほぼ同じくらいのびました。
　そこで，次に，これを下の図のように，横に2つつないで，一方のばねを柱に結びつけ，もう一方のはしを手でひっぱることにします。2つのばねは，それぞれ，どのようにのびるでしょう。

予想
　ア．AもBも同じくらいのびる。

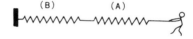

　イ．Aのほうが，たくさんのびる。

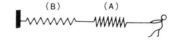

　ウ．Bのほうが，たくさんのびる。

そしてしばらくの静寂のあと，突然……
ガルベス君（ア）「おい。ヤマジ！　オレが言う」静かな教室に，急に大きな声が響き，彼は立ち上がります。みんなギョッとして，彼の方を見ます。
「これはー，前の〔問題〕と同じでー，くいも反対に引っぱっ

ているんだからー,ばねののび方も同じ。こんなの簡単じゃん」
……オオー！　パチ　パチ　パチ　パチ……今まで静かだった教室にわきおこる声と拍手。ガルベス君はニッと笑い「へへーん」と言ってすわります。

〔実験の結果〕　ア

オレが読む
　今日は〔問題3〕です。
ヤマジ「では,問題3。だれか読んでくれますか？」
ナオト君「はーい」
ガルベス君「はーい。オレが読む」
ガルベス君「おい,ナオト！　手をおろせ。オレが読む」
　それでもナオト君は手をおろしません。
ガルベス君「て

〔問題3〕
　こんどは,3つのばねを横につないでひっぱることにします。それぞれのばねののびは,どうなるでしょう。
　はじめに,ひとつずつのばねに,同じおもりをつるして,ほぼ同じくらいのびるかどうか,しらべておきます。
　予想
ア．⊢МММММ—МММММ—МММММ—ᆨ
　　（まんなかのばねが一番たくさんのびる）
イ．⊢МММММ—МММММ—МММММ—ᆨ
　　（手前のばねがいちばんたくさんのびる）
ウ．⊢МММММ—МММММ—МММММ—ᆨ
　　（くいに近いばねがいちばんのびる）
エ．⊢МММММ—МММММ—МММММ—ᆨ
　　（どのばねも同じくらいのびる）
オ．⊢МММММ—МММММ—МММММ—ᆨ
　　（両はしのばねがたくさんのびる）

めー,おろさねえと,後でトイレでぶっとばす！」
　ナオト君が手をおろさないのにはわけがあります。
　その理由は〔ナオト君はガルベス君のイジメ（使い走りをさ

せられ，断るとなぐられる）にあっていて，お父さんに「おまえがガルベスのいうことをホイホイ聞いて，断らないからいい気になって命令するんだ。だから，ガルベスの言いなりになるな」と言われていた〕

〔質問2〕
　さて，この「問題」を読むところで両者が譲らないので，間に入ったボクは困ってしまいました。さて，あなたが先生だとしたら，こんなときどうしますか。イイ知恵はありますか。

ヤマジ　あなたなら，どうしますか？
三津木さん　二人しか手を挙げてないんですか？
ヤマジ　二人だけです。
三津木さん　いつもナオト君が挙げてるんですか？
ヤマジ　毎時間ナオト君です。
山野上さん　私が先生だったら，じゃんけんさせます。一番公平な方法だと思います。
兵庫君　二人で一緒に読んでもらおうと思います。
田原さん　〔問題〕と〔予想〕に分けて，一人ずつ読んでもらう。
　たとえば，ナオト君はイジメに立ち向かおうとがんばっているので〔問題〕を，ガルベス君には〔予想〕を読んでもらいます。
ヤマジ　いろいろな方法があるもんですね。

　ボクは二人に提案してみることにしました。
ヤマジ「じゃ，ナオト君の方が先に手があがったから，ナオ

ト君に前半の〔問題〕を読んでもらって，次の〔予想〕のところはガルベス君に読んでもらうのはどうかな？」

　ナオト君は，こくんとうなずきました。ガルベス君は「よし」と，えらそうに言いました。ボクはほっとしました。

　ナオト君が〔問題〕を読みました。

ヤマジ「ありがとう。じゃ〔予想〕のところをガルベス君お願いします」

　そう言ってから「しまった」と思いました。

……

　そうです。ガルベス君の漢字力はまだ小学１年生なのです。〔予想〕の方が〔問題〕よりたくさんの漢字があるのです。しかもふりがながありません。

　でも，もう手遅れです。ガルベス君は読みはじめました。

　ガルベス君「ア・ま・ん・な・か・の・ば・ね・が・」一字ずつたどるように読みます。この間にボクは彼の席に近づいて行きました。そして，そばまで来ると，小さい声で次の漢字を言いました。

ヤマジ「い・ち・ば・ん」

　するとガルベス君も小さい声で「わかってるよ！」

　彼は読み続けます。

ガルベス君「いちばん・の・び・る。イ…」

……

　ボクの緊張がとけてきました。「ああ，しっかり読んでくれている。静かな教室の壁にはねかえるような大きな声で，朗々と。すごいなあ」そう思ったら，ボクの目から涙がポロンポ

ロンと落ちていきました。「まずいよ。今,営業中なのに…」そう思っても止まりません。ボクは子どもたちに背を向け,壁の方を向いて涙を拭きました。
……
　チャイムが鳴って授業が終わり,廊下に出て歩き出すと,5,6人の女の子が飛び出してきて,ボクを取り囲みました。
リエさん「センセー！　今の授業,ちょーかんどーしたね」
メグミさん「山路センセー,泣いてたでしょ」
ヤマジ「あ,バレてました？」
メグミさん「あたしも,涙,出ちゃった」
　トモコさんもミキさんもうなうな。
ヤマジ「ありがとう。みんなのおかげだね」
……
　この1年3組はとても元気のいいクラスです。そのかわり,他の教科の先生からは「うるさい」「言うことを聞かない」「集団でさからう」と,とても評判の悪いクラスです。ガルベス君でさえ「3組って,悪いヤツばっかり集めたんでしょ」というくらいです。よく言うよ。だから担任のボクはしょっちゅう苦情処理係をしています。
　でも,ボクの授業のときの様子から言えば,ボクにとっては一番楽しく,一番あったかく,ステキなクラスです。

授業の評価と感想
　今日は《ばねと力》の最後の授業だというのに,ガルベス君はお休み。さびしー！　でも最後なのでみんなに《ばねと力》

の授業の評価と感想を書いてもらいました。

5	とてもたのしかった	28人
4	たのしかった	5人
3	どちらともいえない	2人
2	つまらなかった	0人
1	とてもつまらなかった	0人

アヤコさんの感想（評価5）
　この授業を受ける前は，力の矢印の書き方など全くわからなかったけど，もう今なら間違えずにできます！　かしこくなれました。
　私は，重力の勉強のとき「ぼくの星はここにあるから（力の矢印が）ななめになる」というタカユキ君や，ガルベス君の意見が一番心に残っています。まちがってるって，わかっていても，いろいろユニークな意見を言ってくれたので，授業がとても楽しかったです。それに山路先生がうれしそーに笑っているところも好きでした。また来年も，こんな楽しい授業をやりたいです。

「自分で作る通知表」
　こうして最後の授業も終わってしまい，ついに彼には感想を一度も書いてもらうことはできませんでした。
　しかしその後，1年3組の担任として「自分で作る通知表」をみんなに書いてもらったとき，ボクは初めて彼の書いた文章を見ることになったのです。それはその「通知表」のいちばん最後にある「私から担任にひとこと」の欄にありました。

　ガルベス君は何を書いたのでしょうか。読んでみてください。

〈集団の授業〉か〈能力別・個別の授業〉か 55

ヤマジ こんなふうに書いてありました。みなさんは読めますか？ みなさんもこれからこういう文字に出会うことがあるかもしれませんから，解読してみてください。

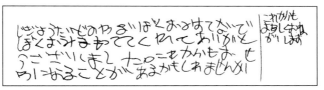

じぎょうたいどのわるいぼくを みすてないで ぼくをみまもっててくれてありがとうございました。これからも おせわになることがあるかもしれませんが これからもよろしくおねがいします。

ヤマジ 授業記録はこれで終わりです。

　この授業書《ばねと力》を作った板倉聖宣さん（国立教育政策研究所名誉所員）は次のようなことを書いています。

　この授業（仮説実験授業）では，おくれた子どもが授業からおいてきぼりをくったり，すすんだ子どもがあきあきするということがほとんどありません。それは，この授業がクラスという一つの社会の民主主義的な発展のプロセスとなっているからです。すぐれた子どもはおくれた子どもに教えてあげなければなりません。それはなにも道徳の問題ではありません。おくれた子どもに自分の考えをわかりやすく説明して納得できるようにするということは，できる子ども自身にとっ

> て進歩なのです。他人に自分の考えを分かりやすく説明するためには，自分の考えを十分吟味する必要があるので，それが非常な勉強になることを知るのです。（板倉聖宣『科学と方法』1969，季節社）

ヤマジ　先ほどの授業記録に出てくる状況に当てはめながら考えてみてください。

> 〔質問３〕
> 　この「超乱暴生徒とボク」のお話を読んであなたが感じたこと，今日の授業を通して考えたことを書いてください。

この授業を受けた学生さんの感想

井上佳花さん

　ガルベス君の成長を感じることができました。伏せているような子が，授業に参加してくれるようになり，文字を読むこともできるようになり，クラス全体の雰囲気も良くなったと思います。クラスみんなの助け合いも見えてくると思うので，別々にしないで，一緒に授業することが意味のあることだと思いました。

池内加奈さん

　私が驚いたのは「なぜだ。教えろ！」と言われたときに先生が教えなかったことです。私はヒントを言うと思ったからです。理由を言わないことで，自分で考えて，自分でわかっていくこ

とができるのが素敵だと思いました。

山野上美樹さん

　ガルベス君が《ばねと力》の実験に興味を持ってくれたのが一番大きなポイントだったと思います。その前に漢字の勉強をはじめたりして，だんだん興味を持ったのかと思います。実験の予想がはずれたときに「いやだ」とならずに「なぜだ。教えろ！」となったのは，山路先生の授業がとても楽しく，本当に気になったからだと思いました。最後の手書きの文，私が見てもホロッときました。

もう一度
「〈集団の授業〉か？〈能力別・個別の授業〉か？」について

　もう20年近くも前のできごとを改めて書き直してみて，当時は曖昧だった自分の考えがはっきりしてきました。

　当時のボクは，授業の形態については「学校は集団で授業をするところに意味がある。能力別・個別授業はけしからん」と，かたくなに思っていました。そこで，Ａ先生の「能力別」の意見にムッとして反論しているボクでした。石頭ですねえ。そのくせ，そういう「能力別反対派」の自分は置いといて，ガルベス君には個別で漢字を教えていたのですから，笑ってしまいます。

　でも，もう一度読み直してみると，ガルベス君のおかげで，遅れていた小学校の漢字は「個人で」，みんなで成長できる科学の授業は「集団で」，たのしくできたのです。一方でボクは，ボ

クの教師としての力量ではなく,《ばねと力》という「授業書」(教科書兼指導書兼ノート)のおかげで,たのしくみんなと授業をすることができたのです。

　結局「集団」がいいのか,「個人」がいいのか,という問題はそれ以前に,その内容が「学ぶに値する教材なのかどうか」「子どもたちが歓迎するような授業かどうか」ということが問題なのではないかと思うようになりました。そういう,教材や授業方法を抜きにして「集団」がいいのか,「個人」がいいのかを先に考えても意味がないということに気がついたのです。

> ヤマジさんの昔話

地球儀

　ボクが小学校2年生のとき、3つ年上（5年生）の兄が父に地球儀を買ってもらった。兄は誇らしげにボクに見せながら、いろんなことを教えてくれた。

　「こんな丸いもんの上に人間が住んでるんだ。それで、この赤い小さな島が日本で、トシ（兄はボクのことをそう呼んでいた）ん家もここにある」……兄の説明にボクは鼻の穴をおもいっきり広げて感動していた。

　「アメリカは、こーんなに離れていて、間に広い海がある」……兄の知識にボクはかなわなかった。

　「お兄ちゃん。この赤い線はなーに？」

　「それはセキドー（赤道）って言って、太陽が頭の真上に見えるところで、とても暑い所だ」

　「ふーん」……兄がもう見あきて行ってしまっても、ボクはそーっと球をさわっては「ふふっ」と笑った。こんな丸い物の上にボクがのっていると思うと、なんだかおなかの中がくすぐったくなってしまうのだった。

　おなかがくすぐったいのがおさまると考えた。

　「なぜ日本は赤いのか」

　「それはわかる。うちの庭だって、ちょっと掘るとすぐ赤土が出てくるからな」（家は東京山の手の関東ローム層の上にある）

　「この赤い島の上にボクん家があるのか、よし！」と、ぼくは虫メガネを持ってきて、その赤い島に近づけてみた。

　しかし、やっぱり赤いだけだった。ボクはちょっぴり失望した。

　「こんなとき、うちにもっと大きく見える虫メガネがあればいいのに」と思った。

　「まあ。それはあきらめることとして……それにしても、このセキドーってのはスゴイ！　こんな

に太い赤いまっすぐな線を地球の上にぐるっと一周引いてしまうなんて，人間ってすばらしい！」と思った。

　ボクが5年生になったとき，その地球儀は「おさがり」でついに自分の物になった。ボクは再び「セキドー」について考えた。「大きくなったらお金をためてセキドーを見に行こう」と決心した。

　そのことを兄（中学2年）に話したら「そんな線は引いてあるわけない」と言われ，ひどくがっかりした。「でも……」と，しぶとくまた考えた。「北極や南極には軸になる太い棒が立っているはずだ。それを見に行きたい」と思った。

　それでまた兄に話したら，「北極は氷の海で，陸ではないから行けないだろう」と言われた。

　「じゃあ南極は？」

　「南極観測隊の隊員になれば行けるかもしれない」

　こんどは「ない」と否定はされなかったのがうれしかった。

　以後，ボクは「南極観測隊」にあこがれ，「太い棒」のあることを信じ続けた。

　高校3年生のとき，テレビで「南極点に立つ」というのをやっていた。雪だるまのような服を着た人が三角の旗を立てたが，「南極点」と言われたその場所に「太い棒」は立っていなかった。

　しかし，ボクは今でも地球儀を見ると，「やっぱり科学ってスゴイ。人間ってエライ！」と思う。そして，おなかがくすぐったくなって「ふふっ」と笑ってしまうのだ。

たのしい科学の伝え方

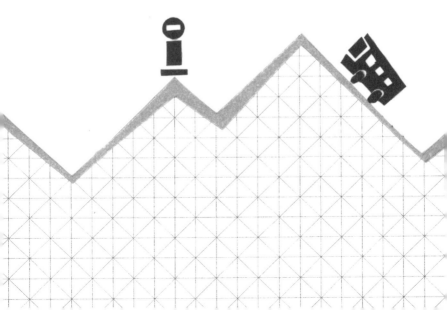

「実験」とはどういうものか？

●理工学部の学生さんと学ぶ

授業プランを作ったきっかけ

あなたは「実験とはどういうものか」と聞かれたら，どう答えますか。

ボクが中学校の理科教師になったころ，こんな質問をされたら，どう答えたかなあ。う〜む，「実際に（実）ためす（験）こと」なんて，国語辞典みたいな答えをしたかもしれません。ボクは，中学・高校はもちろん大学時代にも，「実験とは何か」なんて学んだ記憶も，考えた記憶もありませんでした。

ところで，ボクは今，大学の理工学部で，中学・高校の理科の教師をめざしている人たちに「理科教育法１，２，３，４」という講義を持っています。その学生さんたちに書いてもらった感想の中に「生徒実験はたくさんさせて，体験をさせるのがいい」「実験は実際に器具に触れることができるからたのしい」というものがありました。この二つは〈「実験とはどういうものか」についての考え（これを「実験観」と呼ぶことにします）〉が垣間見えるような文です。

こういう「実験観」は理工学部の学生さんたちにとっては一般的なのでしょうか，それとも少数派なのでしょうか。ボクが

理科教師になったのは，今から36年も前のことなので，今の学生さんたちとは状況が違うかもしれません。だから，実際には聞いてみなければわからないことです。そこで，「実験観」を聞きながら，考えてもらう授業プランを作って，実際に授業にかけてみた，というわけです。ボクはドキドキしながら学生さんに質問しました。

授業記録 ──「実験」とはどういうものですか？
　以下，〈授業プラン〉の部分は字下げして脇に罫線を入れてあります。

「実験」とはどういうものですか？
～あなたの実験観・子どもたちの実験観～

　今回は，理科の授業での「実験」について，いっしょに考えてみましょう。
　はじめに，これから中学・高校の理科の先生なろうと思っている，今のあなたの考えを聞きます。

〔質問１〕
　実験とはどういうものですか？　理科では実験が大切だといいますが，私たちが理科の時間に実験をやるのはどうしてですか？
　「実験とは何か」についてあなたの考えを書いてください。

これから，この「実験とはどういうものか，についての考え方」のことを「実験観」と呼ぶことにします。
　　　　　　　＊指示があるまでは先を見ないでください。

ヤマジ　書いたものを発表してくれますか？
幸田君　実際に見たり聞いたり体験した方が印象に残りやすく，わかりやすいからです。
佐々木さん　頭と身体を使って，理解するためにやるもの。もう一つの意味は，一つ一つの実験の背後には意味があって自分に考える力をつけるためだと思います。
ヤマジ　いま，二人に発表してもらいましたが，それを聞いていて，自分も同じような意味・内容のことを書いたなあと思う人は手を上げてくれますか？（２／３くらいの学生さんが手を上げました）
ヤマジ　ああ，たくさんいますね。わりと一般的なことを言ってくださったんですね。
　では，２ページをあけてください。こういう〈実験とはどういうものか〉という考え方を〈実験観〉と呼ぶことにします。「実験」をどうとらえるかですね。つぎを読んでみましょう。

実験観　その１
　ある人たち（後で紹介します）に，みなさんにしたのと同じ質問をして，答えてもらいました。そのうちの代表的な答えを紹介します。

□ 教科書に書いてあることを，精密に調べるため実験する。
□ わからないことを実際にやってみるとわかる。実験をしなかったら正確なことがわからない。
□ 聞いただけではよくわからないので実際にやってみること。もし実験がなかったら，勘違いというものがおこる。それに理科がおもしろくなくなる。
□ 本に書いてあるだけでは，よくわからないところがあるので，実物を使い実際にやってわからせるため。

(出典は後掲)

　いかがですか。この答えの中にあなたの「実験」に関する考え方と似ているものがありますか。それとも，あなたの考え方と違いましたか。

- 2 -

この〈授業プラン〉のねらい

　ボク（山路）は昔，中学校の理科教師を目指したころから，そして実際に理科教師になってからも，「科学的とはどういうことか」とか「実験とはなにか」なんて，あらためてきちんと考えたことはありませんでした。また，意識的に勉強したこともありませんでした。だから，もしそのころ，「実験とはなにか」について質問されたら，「実験観その1」で紹介したものと同じようなことを答えたでしょう。それまで，自分が受けてきた理科の授業での「実験」を思い出せば自然に出てくる答えだと思うからです。

ところでその後，これから紹介する文が載っている本，板倉聖宣『科学新入門』（仮説社，2005年。出会った当時は『科学の学び方・教え方』太郎次郎社，1975年）に出会ったとき，ボクはとても驚いたのです。そこにはそれまでボクが考えてもみなかった知識と考え方が書いてあったのです。ボクは「ああ，たのしいなあ。こういうことを理科の授業でやれたらいいなあ。ボクはこういう基本的なことを知らずに理科の授業をしていたのか。もっと早く知っておきたかったなあ」と思いました。そこで，このことをみなさんにも知ってもらいたいと思って，この〈授業プラン〉を作りました。

　もう少し，このテーマにつきあってください。

- 3 -

「実験観　その１」の〈「実験」に関する考え方〉の出典

　２ページの「代表的な答え」は，小学校６年生に先の〔質問１〕と同じ質問をして，答えてもらったものをまとめたものです。この調査は，今から50年ほど前の1964年に当時小学校６年生で，理科の教科書で授業をおこなってきた学級３クラスで,庄司和晃先生がおこなったものです。庄司和晃『仮説実験授業』（国土社，1965年。仮説社より復刊）から引用しました。理科の教科書にそって教え，「実験」をする授業では，前のページのような答えが返ってきたというわけです。

＊

　つぎに「実験とは何か」について書いてある文を紹介します。

「仮説」と「実験」

　「もしかすると，……かもしれない」という考え，それを「仮説」といいます。「仮に正しいとする説」「仮の説」というわけです。仮説はまだそれがほんとうに正しいかどうかわからないのですから，それを正しい考え・理論とごっちゃにしてはいけません。その仮説がほんとうに正しいかどうか，事実によってたしかめてみなくてはいけません。

ヤマジ　もしかすると……かもしれない，というのを仮説って言うんですね。

　「仮説がほんとうに正しいかどうかたしかめてみるこころみ」，それが実験です。天秤や試験管やそのほかいろいろのものめずらしい科学装置を使って，なにかめずらしいことをやってみるのが実験だと思っている人が少なくありませんが，そんなことはありません。前にも書いたように，多くの人が学校でやった「実験」と称するもの，それは，大部分が実験の名に値しないものだといってよいでしょう。たしかに手を動かしてはいるが，その実験でどんな仮説が正しいといえるのか，胸をわくわくさせながら実験しているということはごくまれなことだからです。
　「実験とは本来どういうものか」ということは，なにも言葉で言わなくても，ほんとうに実験の名に値するものを何回か経験してもらうと，すぐにわかります。
　そのためには，「実験すれば，答えが明確に出るが，実験す

る前には人によって考え方が大きくわかれるような問題」，たとえばつぎのような問題をだします。(板倉聖宣『科学新入門（上）』仮説社)

ヤマジ つぎの〔問題〕をいっしょに考えましょう。たぶん，みなさんの予想が分かれると思うんですけど……。

〔問題〕 赤ちゃんの体重をはかったら，6500g ありました。そのあとすぐに 200g のミルクをのませて，そのまたすぐあとで，もういちど赤ちゃんの体重をはかりました。
　赤ちゃんの体重は，どのくらいになっているでしょう。
　予　想
　ア．6700g よりおもくなる。
　イ．ちょうど 6700g になる。
　ウ．6700g より少なく，6500g より多い。
　エ．6500g のまま，かわらない。
　討　論
実　験　つぎの読み物には，昔の科学者のやった実験の話がでていますから，それを読んでみましょう。どの予想が正しいかわかるでしょう。

ヤマジ ここから生徒になってもらって，考えてください。では，問題の説明をします。ここに赤ちゃんが用意できなかったの

で（笑い）黒板に絵をかいて説明します（説明略）。

大学生の予想分布

　ア．6700gより重くなる。　　　　　　　　2人
　イ．ちょうど6700gになる。　　　　　　　20人
　ウ．6700gより少なく，6500gより多い。　32人
　エ．6500gのまま，かわらない。　　　　　 2人

ヤマジ　理由を聞かせてください。

上田さん（ア）　ミルクを飲んだとき，空気も飲んだから。空気にも重さがある。

榎本さん（ア）　今の人と同じなんですけど，赤ちゃんは吸う力が強いから，空気もいっしょに吸いこんじゃう。

岡野君（エ）　単純に，そんな，飲んだだけで増えてはたまらないと思いました。

加瀬君（イ）　200g飲んだから，そのまま増えると思います。

木村君（イ）　同じで，200g飲んだら増えるでしょ。

国枝君（ウ）　増えるのは増えるんですけど，そんなに200gは一気に増えることはないと思います。

ヤマジ　それぞれ理由を言ってもらいました。みんなもっともです。でも，4つのうち3つはウソです。

ヤマジ　では，実験。といっても赤ちゃんがいないので，ビデオで，ある青年に牛乳を少し多めに飲んでもらいます。それで，精密な秤ではかるというのを見てもらいましょう。

――ビデオ　岩波映画「ものとその重さ」の上映。

ヤマジ　ビデオに出てくるある学校での予想分布はみなさんの予想分布に似ていると思いませんか。アとエが少数で，次が

イです。ウの〈飲んだ分ほどは増えない〉が多数派というところが似ていますね。

ビデオの実験

ナレーション　この人の正確な体重は56キロ650gです。たべものは牛乳。重さはビンごとで900gです。

　青年の目の前に巨大な牛乳瓶が左からズンと現れます。(笑)

ナレーション　体重はしだいに増えていきます。

ヤマジ　というわけで「エ」は残念です。一気飲みはつらいので…。

　青年が息継ぎをします（わははは。ざわざわ…）。

ナレーション　さて，飲み終わりました。飲んだ牛乳の重さは，…100，200，300，400，……480gです。体重はどれだけ増えたでしょう。ちょうど480g。まさに飲んだ分だけ体重が増えたのです。（イエ〜イ！）

ヤマジ　というわけで，先ほどの問題の結果はイです。

ヤマジ　このビデオに続きの問題があるので，続けて考えてみましょう。

ナレーション　科学者が調査した，食べたものの重さと，排泄物の重さを3日分だけ表にしたものです。体重は1日たってもたいして変わっていないのに，食べたものの重さは，排泄物の重さよりずっと大きくなっています。この重さはいったいどこに消えてしまったのでしょう（説明略）。グラフをよく見ると大きな変化の間に，体重がわずかずつ一定の割合で減り続けているところがあるのを示しています。この減りの分があるために，翌日の同じ頃には体重はほとんどもとにもど

るというわけです。この減りの原因は何なのか，みなさん考えてください。正しい考えはこの3つのうちどれでしょう。

ヤマジ　ビデオを止めて，予想を聞きます。

1．食べたものの重さの一部が消化されてなくなった。8人
2．目に見えないが身体の外に出ていくものがある。　15人
3．生命力として使われてしまう。　　　　　　　　26人

ヤマジ　結果はどうでしょう。つづきを見てみましょう。

ナレーション　それでは体重のわずかな減りを特殊撮影で見てみましょう。特殊な影絵にしてみると，紅茶の湯気と同じような影が絶えず出ているのがわかります。これは口や鼻からの呼吸や皮膚から蒸発する水分の影です。たとえ汗をかいているとわからないときでも，人間の身体の表面からは絶えず水分が蒸発しているのです。この目に見えない汗の量は…（以下略）…この重さの法則は私たち生きている人間にも当てはまるのです。

ヤマジ　…というわけで，2番が正解でした。いかがでしたか。重さの足し算については人間も例外でないということです。このあと，子どもたちにはプリントでお話しを読みますが，長いので，みなさんにはあらすじを簡単に紹介します。

お話〔サントリオ・サントロの実験〕
　いまから，350年ほども昔の話です。イタリアのパドバ大学という有名な大学にサントリオ・サントロ（1561年～1636年）という先生がいました（つづきのお話を先生から聞きましょう）。

ヤマジ　日本では戦国時代か江戸時代の始め頃のことです。
　――以下，友達のガリレオに教わって体温計を作った話。いつも体重計に乗って体重の変化を記録して，研究した話……などをする。記録は省略。

ヤマジ　では，先ほどの〈実験観〉に話を戻しましょう。

実験観　その２

　さて，ここでは問題を１つだけ紹介しましたが，こういう形の授業を十数回もやったクラスで，先ほどの庄司先生は，子どもたちに最初と同じ質問「実験とはどういうものですか」をしてみました。すると，つぎのような答えが返ってきました。２例を紹介しますが，ほぼ全員が同様の趣旨の感想を書いています。

□実験は問題についての予想をたしかめるものだ。もしみんなの意見がわかれた場合やみんなの意見があやふやだった場合に実験をやって，考えをたしかめる。実験がもしなかったら，予想がわれた場合など，人数の多い方があっていると決めて

しまうかもしれない。
□実験とは，自分の考えをたしかめるためだと思う。また他人が信用しないとき，みんなを信用させるためにあるのだと思う。いくら自分が予想してたしかめていても，他人に信用させられなかったらなんにもならない。討論をして意見がわかれたときは，必ず実験しなければならないと思う。予想など，何も考えずに実験しても意味はないと思う。
(庄司和晃『仮説実験授業』)
- 6 -

ヤマジ　これが，先ほど〈実験観１〉で紹介した６年生がこれらの〔問題〕をやったあとに書いた〈実験観〉です。

　「実験観　その１」と「その２」では，「実験観」のいちじるしい違いがみられると思いませんか。
　この研究結果をまとめた庄司先生は「その１」を「受動的理解主義的実験観」といい，「その２」を「主体的実験観」と呼んで区別しています。

ヤマジ　〈こうなることを確かめてみましょう〉というのが〈実験観　その１〉で，〈どうなるか予想をたててやってみよう〉というのが〈実験観　その２〉です。

　さて，前の〈「仮説」と「実験」〉のお話のつづきを読みましょう。

こうして予想をだしあったり，討論したりすると，そのあとの実験の結果をみるとき，胸がワクワクしてきます。そういう，結果がたのしみでワクワクするような実験をいくつか経験すると，だれだって，これこそが本当の実験だと思うようになるのです。
　その証拠に私たちがこういうかたちの授業を十数回もやったあとで，子どもたちに授業の感想文を書いてもらうと，多くの子どもはこう書きます。「これまでの理科では実験がなかったけれど，この授業ではたくさんの実験をするのでいい」というのです。そういう子どもたちでも，以前の授業でたくさんの「生徒実験」というものをやらされていたことが少なくありません。それまで，毎時間たくさんの「生徒実験」をやらされてきたことがたしかな先生のクラスでも，多くの子どもたちはそういうことをいうのです。私たちの授業では，たいてい一時間に一実験ぐらいで，実験の数も少なく，しかも，ほとんど教師実験ですませているのですが，それでもそういうことをいうのです。
　ひとたび自分の予想・仮説をもって胸をドキドキさせながら実験にみいる経験をした子どもたちは，それまでの「生徒実験」は実験の名に値しない，たんなる器具いじりにすぎなかったとわかってしまうにちがいありません。
　　　　　　　　　（板倉聖宣『科学新入門（上）』仮説社，より）

ヤマジ　ここに書いてある、この実験観が、ガリレオが打ち立てた近代科学の実験観です。ガリレオはこうやって未知の問題について、自分はこうなると思うと言って、反論する人がいれば、最後に実験で決着をつけ、どちらの考えが正しいかをはっきりさせるというやり方をしたのです。

> 　最後に、子どもたちの2種類の「実験観」つまり、〈「こうなることを確かめてみましょう」という実験観　その1〉と、〈「どうなるか予想をたててやってみよう」という実験観　その2〉について、今回、学んだこと・考えたことや感想を小レポートに書いてみてください。
> 　　　　　　　　　　- 8 -

（授業記録はここまでです）

授業を終えて

　この〈授業プラン〉は「理工学部の学生さんの〈実験観〉はどうなっているのかを調べ、あわせて、もしあいまいな〈実験観〉ならばここできちんと近代科学の〈実験観〉を伝えておこう」と思って作りました。

　ボクの最初の予想では〈近代科学の実験観〉＝〈「どうなるか予想をたててやってみよう」という実験観　その2〉の子がもう少しいるかなあと思ったのですが、ほとんどいませんでした。自分のことを思い出してみると、ボクだってこの仮説実験授業に出会う前は〈体験すればいいという実験観〉＝〈「こうなることを確かめてみましょう」という実験観　その1〉だった気が

します。大学の理工学部では，「実験」といえば，さんざん「誤差論」ばっかりやっていましたが，改めて「実験とは何か」なんて学ばなかったと思います。

代表的な感想を紹介します。

○実験を，仮説を証明するためのものとは，今まで考えたこともなかったが，言われてみればとても納得のいくものでした。授業の中で子どもたちが自力でこの考え方にたどりつくことに驚きました。（白川君）

今の理工学部の学生さんも，中学校でも高校でも，そして大学（１年まで）でも「実験とは？」などと改めて学んだり，考えたりしていないようです。しかし，〈未知の問題に予想を立てて，実験で決着をつける〉という経験をすれば，小学校６年生でも，そしてもちろん大学生でも〈自力でこの考え方＝近代科学の実験観にたどりつく〉ということです。

○実験の意義について問われたら，普通は目の前にある結果を理解するため，と答えてしまいがちかもしれないけど，それは本当の意味での実験ではなかったのだと思いました。しっかりと予想を立てて，いろいろ考えてみることはとても大切なことで，これからは受動的でなく，主体的な考えをしたいと思いました。この授業で，〔テキスト，〈授業プラン〉の〕先を読まずに，毎回予想を立ててみるのは，こういう意味だったのかと思いました。（須藤さん）

＊「理科教育法1，2，3，4」のテキストは山路・小原共著『「たのしい授業」のつくり方』（私家版）を使っています。仮説実験授業の授業書の問題と，考え方についても問題を出して議論しながら進めるようにできています。そして，最初に「お願い：自分で勝手に先のページを読み進むことはしないでください。授業がつまらなくなります。予習禁止！　予習は〈どろぼう〉の始まりです（笑）」と書いてあります。

この授業で使っている「テキスト」も，たのしく学んでもらうために「問いかける」構造になっていましたね。
　つぎの感想は，同様の授業を通信教育スクーリング「理科教育法3」でやったときのものです。

○臨時で中学校の理科を教えていたことがあり，その中でたくさんの実験をしました。でも，それは「受動的理解主義的実験観」に基づいた実験で，子どもたちをワクワクドキドキさせる実験ではなかったということに気付かされました。自分なりに目的・目標を持ってやっていたつもりでしたが，自分善がりの実験観だったことに気付き，ショックを受けると同時に反省しました。子どもたちに「予想が正しいか確かめる」という「主体的実験観」を持たせられるように，授業を組み立てたいと思いました。予想して，意見が分かれて，討論して，実験して確かめる，この流れは，自分の予想があたる・あたらないに関係なくとてもおもしろいですね。すぐにでも子どもたちと一緒にやってみたいです。（津崎さん）

一度でも現場で「実験」の授業をしたことのある人の方が,〈近代科学の実験観〉＝〈「どうなるか予想をたててやってみよう」という実験観〉を知った驚きは大きいかも知れないと思いました。

*

　感想を読んでいると，たくさんの学生さんが，かつてのボクと同じこと（＝近代科学における「実験」の意味）に納得してくれて，感動してくれて，なんだかほっとしました。そしてボクの気持ちが学生さんに通じたと思えて嬉しくなりました。

「実験が失敗」したらどうする？

●ピンチ！　予備実験と違う結果が出ちゃった！

カンの中に水は入るか？

1月20日（金）4限。明星大学初等理科教育法の模擬授業《空気と水》も最後になりました。今日の先生役は、〔問題9〕「からになったジュースのカンの（二つの穴のうちの）一つの穴をセロテープでふさいで、水の中に入れたら

〔もんだい9〕

　からになったジュースのかんのひとつのあなを、セロテープできちんとふさぎます。

　このかんを水の中にいれたら、水はかんの中にはいるでしょうか。
よそう
　ア．水は　たくさんはいる。
　イ．水は　半分くらいはいる。
　ウ．水は　ほとんどはいらない。

カンに水は入るでしょうか」を岩崎くんが、〔問題10〕「こんどはカンの穴を二つにして、（穴をふさがないで）水の中に入れたらカンに水は入るでしょうか」を岡部さんがやってくれました。

まず、岩崎くんが〔問題9〕の実験に入りました。水槽の中からカンを取り出し、ふさいでいたセロテープをはがし、ガラスのコッ

〔問題9〕

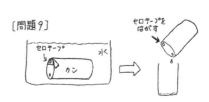

プの上でカンをさかさにします。水が入っていれば，カンの中から流れ出てくるはずです。しかし……「水はほとんど出てきません！」「ええっ！　どうして～？」で実験が終わりました。

続いて岡部さんが〔問題10〕をやります。こんどは「二つの穴があいているカンを水槽の中に入れるとどうなるか」という問題です。

〔もんだい10〕
こんどは，セロテープをとって，あなをふたつにしたらどうでしょう。
よそう
ア．こんどは　水がたくさんはいる。
イ．水は　半ぶんくらいはいる。
ウ．こんども　水は　ほとんどはいらない。

予想分布は

ア．水はたくさん入る。　　　　　14人

イ．水は半分くらい入る。　　　　3人

ウ．水はほとんど入らない。　　　3人

になりました。

「カンはどのくらいの間水の中に入れておくんですか？」という質問が出ます。岡部さんは「みんなが〈いい〉って言うくらいまで」と答えます。

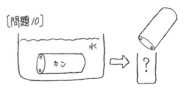

みんなを教卓の箱の前に集めて，「では実験でーす。いち，にの，さん」と水の中にカンをいれます。

この「実験は失敗」かもしれない……

　ところが，いつもなら二つの穴のうち，上の方の穴からポコポコと泡が出てくるはずなのに，〔問題9〕の結果と同じで，泡が出てきません。……ということは，水が入っていないということかなあ。予備実験では「ア．水はたくさん入る」という結果でした。生徒役の学生さんたちからも「泡が出てこないから，やっぱり，入らないかも……」なんていうつぶやきが聞こえてきます。「う〜ん，いつもと違う。ひょっとして……」とボクはあせります。でも，先生役の岡部さんは緊張していて，この事態に気づいていないようです。平然と水の中のカンを持ったまま「もういいかなあ」なんて言っています。

　ボクは，こんなときのアドバイスにまだ慣れていなくて迷いましたが，言ってみることにしました。

ヤマジ「ちょっと，この実験，待って！　岡部さんごめんね。なんか変だよ。ちょっとカンを水から出して」

　岡部さんは「はーい」と水槽からカンを出します。

　泡が出てこないということは，少なくとも一つの穴はふさがっているということが考えられます。原因は何だと思いますか？もしかすると，〔問題9〕をやったときのセロテープをはがしていないのかもしれません。そこで，さきほどの〔問題9〕をやった岩崎くんに確認します。

ヤマジ「さっきのセロテープは，はがした？」
岩崎くん「はがしました」
と，はがしたテープを見せてくれました。カンを見ても確かに

テープは付いていません。どうやら原因は〈テープのはがし忘れ〉ではなさそうです。何だろう？　へんだなあ。そこで，もう一度テープがはってあった方の穴をよく見てみました。

　すると……なんと穴の中にテープの粘着剤だけが残って，きっちりと穴をふさいでいるではありませんか！　これでは空気が出られません。そして，水も中に入れません。
ヤマジ「おーい。みんな，聞いて！　セロテープの粘着剤が残ってて，穴がふさがってる〜。ほら見て！」
　前の方の学生さんたちがのぞきこみます。
「ああっ！　何か白っぽいものが付いてる〜」
　そして，みんなで大笑いをしたのでした。

　粘着剤を穴から取り出してカンを水の中に入れると，上の穴からポコポコと空気の泡がでてきて，無事「ア．水はたくさん入る」という結果になりました。「やったー！」。先生役の岡部さんもニコニコです。こうして，めでたく「実験は成功」したのでした。

「実験が失敗」「実験は成功」という言葉
　ところで，今まで書いてきた文の中でボクは「実験が失敗」「実験は成功」という言葉をカギ括弧「　」に入れてきました。なぜかというと，これはボクが普段は使わない言葉だからです。

　近代科学が打ち立てた実験観は〈その結果がどうなるか，予想をもって主体的に問いかけることだ〉というものです。この定義で先ほどの実験について考えると，子ども（学生）たちは「カンの中に水が入る」とか「入らない」とか，予想をもって問い

かけていますから，実験の主体は子どもたちです。子どもたちからすれば，実験はしていますが，何も「失敗」してはいないのです。

ところで，先生の方は予備実験で結果を知っていて，授業の場で再現するわけですから，実験の主体である子どもたちに対して，「実験助手」ということになります。つまり今回の一件は，「実験条件である〈穴ふたつ〉になっていないことに，実験助手である先生が気がつかなかった」ということなのです。「先生が指定された実験条件を整えることに失敗した」あるいは「先生の期待していた結果にならなかった」ということもできるかもしれません。

しかし，このような実験観＝〈実験とは予想をもって主体的に問いかけること〉という考え方は学校の理科の先生の間でさえ普及しているとはいえないようです。大学生に授業をしても，「実験とは何か」を教えるまでは「実験とは実験器具を操作すること」と思い込んでいる学生さんがほとんどです。そこで，とりあえず，エピソードを紹介するにあたり，状況をわかっていただくために，正確でない言葉としてカギ括弧「　」を使って表現しているのです。

慎重すぎてする失敗もある!?

他のクラスで〔問題9〕をやったときにも，こんなことがありました。結果の判定で水槽から出したカンをさかさにするとき，先生役が実験前に貼ったセロテープをはがすのを忘れて「いち・にの・さん。はい。水はほとんど入っていませ〜ん」とやっ

たのです。すると，生徒役の学生さんから「テープをはがさなかったら，（前にやった）〈ジュースのカンに一つだけ穴をあけたらジュースが出るか〉という問題と同じだから，出てこないよ〜」と言う声があがりました。確かにその通りなので，みんなで「そういえば，そうだよね〜」と笑いあったのです。

　〔問題９〕の結果は「水はほとんど入らない」です。ですから，カンをさかさまにして水がほとんど出てこなかったとしても，演示をしている人はそのことに疑問は持ちません。ということは，テープでふさいであった穴が何らかの理由でふさがったままだったとしても，つまり，「ジュースのカンに一つ穴をあけたらジュースが出るか」という問題と同じ状態になっていたとしても，そのことに気づきにくいことになります。だから，岩崎くんも岡部さんも，そしてボクも〈粘着材が穴をふさいでいる〉なんて気がつかなかったというわけです。

　そこでさらに，「何で粘着材が穴をふさいだままになってしまったのか」を考えました。そうだ！　岩崎くんが理科準備室で予備実験をしたとき，ボクは「穴をふさぐセロテープはぴったりと隙間なくはらないと，そこから空気がもれて，下から水が入ってしまうことがあるから，注意してね」と念を押したのでした。そこで，まじめで慎重な岩崎くんは，カンにセロテープをはったときに，念入りに穴の上からテープをグリグリとこすったのでした。そこで，テープをはがしても，穴のところだけは粘着材がカンの穴にしっかりと付いたまま残ってしまったというわけです。ナゾが解けました。

　今回のできごとからボクが学んだことは，何でしょう？　そ

れは,〈慎重な学生さん×慎重な先生（ボク）＝用心しすぎて思わぬことが起こることもある〉ということだと思いました。

期待していた結果にならなかったらどうするか

さて,今回はボクが原因を作り,しかも自分で原因をつきとめたので,すぐにやり直して,終わることができました。

そこで,シメタです。せっかくなので,「実験が先生の期待していた結果にならなかったときはどうするか？」という問題を学生さんに問いかけてみました。

学生さんに聞くと,「たぶん,頭の中が真っ白になって,立ち往生すると思う」という意見がありました。また「実験操作をやり直す」という意見もありました。

ヤマジ「うん,ボクだったら,まずはやり直すね。今回はそれでうまくいきました」

そこで,ボクはさらに質問をします。

ヤマジ「では,もっと難しい問題です。操作を1〜2回やり直しても,うまくいかなかったときは,どうしますか？

　1．あきらめて,授業を先に進める。
　2．あきらめずに,授業を中断して,実験に挑戦する。
　3．授業としては失敗なので,授業を終わりにする。
　4．その他。

のどれですか？」

こう言ってから,ボクは質問が難しすぎたと思い,すぐに自分の考えを言い始めました。

ボクも今までに何回か「失敗」したことがあります。予備実験をしていても，うっかりちょっと条件を変えただけで，期待どおりにいかないこともあるんです。そういう経験から学んだことを伝えましょう。

　今日の実験は「失敗」の原因がすぐにわかったから，1回のやり直しでうまくいきましたけど，「失敗」の原因がよくわからないときがあります。そういうときは，やり直しても，たいていはまた同じ「失敗」をします。そして，そういうときこそ，あせっているので，原因をつきとめられないことがほとんどです。そこでがんばると，子どもたちは待たされて飽きてしまうことがあります。だから，1～2回やり直してうまくいかないときは，もうあきらめて「ごめんなさい。この実験は次の授業でやり直すことにして，きょうは先に進めます」というのが賢いと思います。

　実験のひとつがうまくいかなかったからといって，授業全体が失敗＝たのしくなくなってしまう，ということはありません。先生は1時間の授業の中で，少なくとも二つや三つ失敗します。そういうことがあっても授業の楽しさがこわれないように，授業書はしっかり作られているのです。だから，先に進めても大丈夫です。そのくらい信用できる教材です。もちろん，授業前は準備や予備実験をきちんとしておいて欲しいですけどね。

先生だって間違える

　さて，〈先生が間違える・失敗する〉ということについて，授

「実験が失敗」したらどうする？ 87

業書《空気と水》を作った板倉聖宣さんがこんな話をしています。

> 先生方の授業はいろんなことで間違える，先生方が間違えるから，子どもたちも「あっ，先生でも間違えた――ということは，これは知らなくてもいいんだな」とよくわかりますね。これは生きる力ですよ。生きる喜びですよ。つまり，先生は聖人で，何でも片っ端から知っていると思うと，もういやになっちゃいますからね。先生がいろんなことで間違える――このぐらい間違えても先生ぐらいにはなれる，ということになるから，子どもたちも安心して人間らしく成長できるんです。（板倉聖宣「楽しい授業への招待」『科学と教育のために』季節社）

予備実験をして，しっかり準備ができていたら，後は間違いや失敗を恐れずに，気楽に授業をしましょう。「間違いを恐れずに」というのは，なにも子どもたちだけに呼びかける言葉ではなくて，先生にも言える言葉かもしれません。

「どうして？」と聞かれたら どうする？

授業前の心配

「初等理科教育法」の時間には，学生さんに交代で先生役をしてもらい，授業書《空気と水》を使って模擬授業をしています。

きょうは石井くんが〔問題9〕「空になったジュースのカンに開けた2つの穴のうち1つをセロテープでふさいで水の中に入れたら，カンに水は入るか」を，大高くんが〔問題10〕「こんどはカンの穴を2つにして水の中に入れたら，カンに水は入るか」を，それぞれ先生役としてやります。二人は授業の少し前に来て，理科準備室でリハーサルをしました。

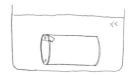

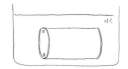

さて，いよいよ授業が始まるぞ，というとき，大高くんがとても不安そうな顔をして，ボクのいる部屋に入って来ました。

大高くん「あの～，質問があるんですけど……」

ヤマジ「なんでしょう？」

大高くん「ボクは〔問題10〕をやるんですけど，実験をして

結果が出たとき，子どもたちに〈なんで〜？〉って聞かれたら，どうやって答えたらいいんですか？

　ボクはまだこの《空気と水》のことがよくわからなくて，うまく説明できそうもないんです。質問されたらどうしようって心配なんですけど……」

　石井くん「僕も，同じこと心配してるんです……」

　ヤマジ「ああ，そうね。そんなとき，あなたならどうしますか？」

　ボクは学生さんの質問にはいつもこうやって質問を返して，まずはいっしょに考えることにしています。

　さて，「どうして？」と子どもに聞かれたら，何と答えたらいいでしょう？　皆さんもいっしょに考えてみてください。

　ア．自分のわかる範囲で，できるだけ理由を説明する。
　イ．「次の授業までに調べておきます」と保留にする。
　ウ．「う〜んどうしてだろうね」などと受け流す。
　エ．その他。

ボクの答え

　大高くん「先生，もう授業がはじまるので，今から勉強するのでは間に合いません（ものすごくあせっている）。〈つぎの授業までに調べておきます〉っていうのはどうですか？」

　ヤマジ「心配しないでだいじょうぶだよ。これは〈う〜ん，どうしてだろうね〉とか〈後でわかってくるよ〉とか，受け流せばいいんです」

　大高くん「えっ！　答えなくていいんですか？」

ヤマジ「うん。この授業では,〈答えなくていい〉というより,答えてはいけないんです。先生は司会者に徹してください。説明が必要な場合はちゃんとそれもプリントに書いてあります。以前〈ストローの話〉なんていうお話のページがこの授業書にあったでしょう」

　大高くん「あ,ありましたね」

　ヤマジ「必要なときにはあのように〈お話〉があります。この授業では,実験を積み重ねながら,子どもたちが自分の中に〈こういう場合はいつもこうなるのではないか〉という〈仮の説＝仮説〉ができてくるのを待つようにできています。だから,実験結果がわかっていても,ポーカーフェイスで司会者をしてください」

　大高くん「わかりました。〈つぎの授業までに〉と言ったって,どうやって調べたらいいのかわからないし,うまく説明できる自信もないし,どうしようかと思っていたんです」

　石井くん「じゃあ,実験が終わってからも,どうしてそうなるかの説明も,しちゃいけないんですか？」

　ヤマジ「そうそう。説明したくなっても,してはいけないんです」

　二人「これでほっとしました。ありがとうございました」

　こうして大高くんと石井くんは「よしっ！」と気合いを入れて教室に入っていったのでした。

　実際の授業では,石井くんの〈缶の穴ひとつ〉の実験のとき「どうして～？」と声があがり,石井くんは「もうひとつ続きの問題をやるからね～」と上手にかわしていました。大高くんの〈缶

の穴二つ〉の問題では「水がいっぱい入る」の正答が多数派になり，実験結果が出ると「やっぱりね〜」という声が聞かれ，「どうして〜？」という声はあがりませんでした。

「教えない」ことの大切さ

こんなふうに偉そうに答えているボクも，仮説実験授業に出会った頃，実験の後に，子どもたちに「どうして〜？」と聞かれたことが何回もあります。そして，教科書の授業では，そんなに意欲的に質問されることなどないので，ついうれしくなって「それはね……」などと説明をしてしまったことがあります。するとどうでしょう。つぎのページの〔問題〕の実験結果をしゃべっているボクがいたのです。つぎのページのプリントを配ってから，「あっ！（汗）」と思ったことが何回かありました。

仮説社の竹内三郎さんがこんなことを言っていました。

「〈ものごとを教える〉というのには効果的な時期というのがあって，逆に〈効果的でない時期には教えない〉ということも含めて〈ものごとを教える〉ということなんです。認識にはそういう法則性があるということに気がつかないと，〈いつでも，教えることはいいことだ〉とだけ思ってしまいます」

《空気と水》の授業書もその認識の法則性にそってできています。はじめて先生役をする学生さんにも，やる気さえあればできるようになっています。とてもよくできているなあと思います。

教える立場・学ぶ立場
●立場が変わると主張も変わる

　今回は授業中の「居眠り」や「内職＊」を例にして，「教える立場＝教師」と「学ぶ立場＝生徒・学生」について考えてみましょう。

＊内職：（1）本職とは別に収入を得るためにする仕事。副業。
　　　　（2）家庭の主婦などが家計の助けとして自宅でする仕事。
　　　　（3）授業中などにこっそり別の勉強などをすること。
　　　　　ここでは（3）の意味で使うことにします。

授業中の「内職」について考える

　小・中学校の教職を目指している大学3年生60人に，授業中の子どもたちの「内職」について聞いてみました。どんな考えを持っているでしょうか。

〔質問1〕　授業中（小・中学生）に「内職」をする子どもたちがいたとします。もしも，あなたが先生だとしたら，注意しますか。ア〜エから選んでください。また，その理由があれば教えてください。
　ア．厳しく注意する。

イ．やさしく注意する。
　　ウ．気になるが注意しない。
　　エ．気にならない。注意しない。

　このような質問をしたら，どれを選ぶ学生さんが多かったと思いますか。また，どんな理由が多かったでしょうか。

〔質問１〕の集計結果
　　ア．厳しく注意する。　　　　　　　　　３人
　　イ．やさしく注意する。　　　　　　　　46人
　　ウ．気になるが注意しない。　　　　　　９人
　　エ．気にならない。注意しない。　　　　２人
　結果は「イ．やさしく注意する」が多数派になりました。「イ」のうち代表的な理由は？

・内職は基本的に良くないと思う。しっかりと授業を聞いて勉強した方が，結果として本人の頭が良くなる気がする。自分でやるより教わった方が効率良さそうだから。（駒本くん）
・注意する。授業を聞いていないと後で困ると思うから。（笹川くん）
・正直，私自身もときどきやってしまいます。いけないことだとは思っています。なぜいけないのかをちゃんと説明して注意します。（島村さん）

　小・中学校の先生としては「やさしく注意する」が多数派で

した。では、大学の先生になったとしたらどうでしょう？

〔質問２〕 では、みなさんは大学生の授業中の「内職」についてどう考えますか。もしも、あなたが大学の先生だとしたら、注意しますか。ア〜エから選んでください。また、その理由があれば教えてください。
　　ア．厳しく注意する。
　　イ．やさしく注意する。
　　ウ．気になるが注意しない。
　　エ．気にならない。注意しない。
　このような質問をしたら、どれを選ぶ学生さんが多いでしょうか。また、多数派ではどんな理由が多いでしょうか。

〔質問２〕の集計結果
　　ア．厳しく注意する。　　　　　　　　０人
　　イ．やさしく注意する。　　　　　　　９人
　　ウ．気になるが注意しない。　　　　　42人
　　エ．気にならない。注意しない。　　　９人
　今度は、「ウ．気になるが注意しない」が多数派になりました。「ウ」のうち代表的な理由は？

・注意しない。大学は学びたいことを学ぶ場所だから、授業の妨げにならない限り注意はしない。（大隅くん）
・大学生にもなれば自分の行動はすべて自分の責任だと思うので、先生は何も注意する必要がないと思う。子どもとは違う

と思う。(世良さん)
・大学は自己責任の場です。内職をして自分が困るようなことがあれば、その人自身の責任です。私が大学の先生なら放置します。(曽根くん)

　同じ「内職」でも、相手が大学生となると対応は違って「自己責任」と考える学生さんが多くいました。
　「自己責任」という言葉は国語辞典にはなくて、新しい言葉のようです。最初の意味は「自分でやったことについては自分で全責任を負う」ということでした。しかし、違法行為や危険な行為をする人が「自己責任でやりますから」という言い訳の言葉としても使われ、あとで「やっぱり助けて！」という例がありました。当事者が言うときには「責任ある言葉」とは言えないことも多いようです。
　つぎに、こんなお話を紹介します。

「丸見え」と「傷つく」
　元中学校教師の小原茂巳さんは、授業中に「内職」する子が気になったとき、つぎのような話をしたそうです。

> 　授業の途中ですが、突然、内職についてお話しします。
> 　じつは、僕ね、生徒の時、この内職をよくやってた方なんです。社会の教科書に出てたトヨトミヒデヨシなんかにヒゲを描いたり、口紅つけたりしてね……。どうですか？　そんな経験ありませんか。

もっと正直に言うと，その時の授業と関係のない教科の宿題なんかも，僕，こっそり内職してました。
　僕，イケナイ生徒だね。
　ところで，僕は，生徒の時，ずーっと自分のこと〈内職の名人〉と思ってたんですよ。〈先生にはバレない自信があるぞ。ぜったいバレてないぞ〉と思いつづけてきたんです。
　ところが，そんな僕が学校の先生になった。授業をする側になったのね。
　で，教室で，生徒のまん前に立つことになった。
　そしたら，なんと，すご〜く見晴らしがよすぎちゃうんです。
　イスに座っている生徒たち。
　そのまん前に立つ教師の僕。

　この位置関係だと，生徒のそれぞれが，机の下やら上やらで何をしているかが，丸見えに近いほど見えちゃうんです。
　〈あれ，まあ〜，困った！　見えすぎちゃう！〉
　僕はこの一瞬，自分が生徒だったころを思い出して，冷や汗タラ〜ッとなってしまいました。
　〈う〜ん，そうか！　俺の内職も，きっといろんな先生たちにバレてたのかも……もしかして，先生たちが知らんぷりしてくれただけなのかも……（タラ〜ッ）〉
　そう，じつは，教師の側からすると，生徒の内職って，意外と簡単に目に入っちゃうんです。でも，わざわざ注意をし

ないことがいっぱいあるということ。

〈だって,しょっちゅう,注意したり,しかったりすると,教室の雰囲気が悪くなることもあるし……,せっかく今,集中してくれてる他の生徒にも悪いしな〜……。

それに,俺の今やっている授業,きっとツマンナイのかもな…。だから内職しちゃうのかな…。まっ,だったら今日のところは,見て見ぬふりしておこうっと！ でも,今度は,たのしい授業にしなくちゃー……〉

教師である僕が言うのも変な話だけど,このように,学校の先生ってけっこう,生徒に気をつかっているところもあるのです。

だから,ここでお願い！ 内職する場合は,生徒の方も,せめて教師にバレないように気をつかってくださ〜い。

目の前で関係ないことをやられると,やっぱり,僕らも人間,傷つきま〜す。

だから,もし内職するんだったら,せめてバレないように真剣勝負でお願いします。万が一,バレても,ひたすら〈ゴメン！〉を覚悟して,内職にのぞんでくださ〜い。

（小原茂巳「内職が気になったら」『たのしい教師入門』仮説社）

さて,このお話は,いかがでしたか。

このお話について,そのときの学生さんの感想を一つ紹介します。

・私も悪いとは思いつつも,つい内職をよくしてしまいます。

でも，先生にバレていないと思っていました。先生の席からは丸見えなんだなと，今日の話を聞いて反省しました。つい，と軽い気持ちでやっていることが，実は先生も傷ついているなんて知りませんでした。その立場にならないとわからないこともたくさんあるけれど，私ももっと気をつけて内職や居眠りをしないようにしようと思いました。（田部井さん）

「内職をしているところは先生から丸見え」とか，「先生も傷つく」ということは先生になってみないと気がつかないことです。でも，模擬授業の先生役をすると気がつくようです。

・私もたまに，終わっていないレポートがあると，してしまうことがあります。先日，模擬授業の先生役をしたときに，何か違うことをしている人を見たとき「こっちは一生懸命やっているのにな」という気持ちになりました。私も今は授業を受ける側です。授業をする側の気持ちも考えて受けたいと思います。（匿名さん）

模擬授業の先生役というのは「授業の進め方」だけでなく，「先生という立場」も学べるんですね。

立場が変わると主張が変わる？
　さてここで，「内職」について，もうひとつ感想を紹介しましょう。

・学生側だったら「許して！」と思うが，先生の側だったら「ふざけるな！」と思う。（夏木くん）

　上の感想のように〈教える先生の立場〉と〈学ぶ生徒（学生）の立場〉の二つのどちらの立場に立つかで，同じ人なのに考えが全く違ってしまう場合があります。〈人間というのは，自分では自由に考えているつもりでも，知らないうちに今いる立場にとらわれて考えてしまうものだ〉というわけです。こういうのを「認識の党派性（党派＝立場によって認識＝どのようにとらえるかが違ってしまう）」というのだそうです。もう少しわかりやすい例を紹介しましょう。

認識の党派性

　　満員バス　乗ってしまえば　「もう押すな」

　これは物理学者の武谷三男さんがよく口にされていた話です。満員バスに乗る前は，「ほら，中の方は空いているでしょ。もっと詰めてくださーい」と大声で叫んでいたおじさん・おばさんも，自分が乗れた途端に，「もう一杯だよ。そんなに押さないで！」と叫んだりすることはよく見られます。

　「人々の主張はそれぞれの立場を反映しているものだ。その証拠に，立場が変わると途端に主張が変わったりする」というわけです。〈認識の党派性〉などというと難しいように思われますが，これはそのものずばりなので，事柄そのものはよ

くわかることでしょう。(板倉聖宣『発想法かるた』仮説社)

「満員バス」の例はどうでしたか。「立場が変われば主張も変わる」というようなことは、私たちの日常ではたくさんありそうですね。

ところで、みなさんが学校の先生になったとき、授業を受ける立場から授業をする立場に、学ぶ立場から教える立場に逆転します。すると、「内職」だけでなく、授業のことでも、子どもの生活のことでも、気がつかないうちに教師の立場だけで考えてしまうようになりがちです。そこで、「立場が変われば主張も変わる」の意味がわかったみなさんには、これからも「もしも私が子どもの立場だったら」という視点を持ち続けていてほしいと思っています。それが「子どもの気持ちがわかる先生」への第一歩だと思うからです。また、この視点は何か問題が起きたときでも、冷静に状況判断をするためのお役に立つことがあると思います。

〈満員バス　乗ってしまえば「もう押すな」〉

現場でも使える知恵の言葉として、あなたの頭の中の棚に載せておいてはいかがでしょうか。

〈教師に向いているか,いないか〉について考える
●そして何よりも〈教材〉が大事

教師に向いている? 向いていない?

あるとき,ボクの授業(理科教育関係科目)を受けている学生さんが,授業後にボクにこんな相談をしてきました。

「教育学部に入学したけれど,最近自分は〈教師に向いていないのではないか〉と思うようになって,悩んでいます。何かいいアドバイスはありませんか?」と言うのです。ボクがそのときどんな返事をしたかは覚えていませんが,後から「こんな相談にはどのように答えてあげるのがいいんだろう?」と思いました。そして,改めて〈教師に向いているか・いないか〉とはどういうことかを考えてみることにしたのです。

ここで,読者のあなたに質問です。

〔質問〕
あなたはどんな人が(小・中学校の)教師に向いていると思いますか。つぎの中から選んで○を付けてみてください(いくつでも)。

子どもと関わるのが好き　　明るい性格　　　笑顔で元気
大きな声　　お話し上手　　日常会話が苦にならない　　　一人

でいるより大勢でワイワイしている方が好き　　　人に教えるのが好き　　その他（　　　　　　）

*

　実は，ここに書いた選択肢は，ボクがこれまで漠然と考えていた「教師に向いているであろう人のタイプ」を書き出してみたものです。しかし，こうしてならべてみて驚いたのは，普段のボクには一つも当てはまるものがないということです。ええっ！　自分でうろたえます。

　それでいてボクは，中学校教師を含めて 40 年も教師をやってきたのです。しかも，たのしく。……なんということでしょう！

　そうすると，疑問が出てきます。ひとつは「じゃあ，向いているとは思えない教師に，どうしてなろうとしたのか？」ということです。

　これは，すぐに答えられます。それは教師という仕事を選ぶときに，〈自分が向いているか向いていないかなど，まったく考えなかった〉ということです。無着成恭（むちゃくせいきょう）（1950 年代の作文教育を進めた小学校の先生）の『山びこ学校』という本を読んで，感動して「ボクも学校のセンセイになろう！」と決心したのです。でも，今，その本を読んでみると子どもの作文は紹介されているのですが，先生がどんなことをしていたのかなどはほとんど書かれていません。ということは，ボクは子どもの作文を読んで，教師という仕事を勝手に妄想して，妄想に感動していたのだ，ということになります。だから，実際に教師になってから口下手なボクは「センセイってしゃべって仕事をするんだった！」ということに気付くのです。う〜ん，手遅れ。

やめる前に「だまされたと思ってやってみよう」と思った

　もう一つの疑問は「じゃあ，向いているとは思えない教師をなぜ40年も続けることができたのか？」ということ。

　これは，すぐには答えられません。書きながら考えましょう。

　なぜ「ボクには向いていない。やめよう」と思わなかったのでしょうか？　いや，教師になって間もなく「自分には向いていない。やめよう！」と思いました。さらに，大学卒業後に就職した税理士事務所の仕事もうまくいかなかったのですから，「もう，自分にできる仕事はないのではないか」と思って，生きていく自信も失っていました。

　そんなとき，同じ職場の同僚が小原茂巳（当時，東京の中学校教師）さんという人を紹介してくれました。そして，今までにない，子どもたちに歓迎される授業というものがあることを知りました。そのときにもらった授業記録「科学かわらばん」には，子どもたちのたのしい感想があふれていました。またこの授業には，〈熱心な教師ならだれでもうまくいく一般的な教案〉（「授業書」と言います）があるということも知りました。

　ボクは，やめる前に「とりあえず騙されたと思って，その授業をやってみよう。やめるのは，それからでも遅くない」と思いました。

　当時は，「教案・授業案は自分で作るもの，自分で作ったもので授業をする，それが教師の仕事」と思って（教わって）いました。たぶん今でも，それが学校の常識ではないでしょうか。ところが，この授業（「仮説実験授業」と言います）は，「授業書」は専門家（その分野の研究をしている人）が作り，教師はその「授

業書」にそって授業をする、という「分業」の仕組みになっているのです。

そういえば、ボクが自分で考えた「指導案＝シナリオ」でうまくいったことなんてないし、まして授業の進め方だってボロボロでした。「授業書」なら、せめて「シナリオ」としては専門家が作ってくれたものですから、そこは期待しました。

では、その「熱心な教師なら、だれがやってもうまくいく一般的な教案」＝「授業書」を使ってボクが授業をしたらどうなったでしょうか？

一般的な教案＝「授業書」を使って授業をすると

その授業は子どもたちから大歓迎されたのでした。ボクにも教師（＝授業をする人）が務まったのです。初めての「授業書」《光と虫めがね》で授業をやって、つぎのような感想をもらって、子どもたちに励まされたのです。

> 予想を自分で立てて、その答えがどんなふうになるかがとっても楽しみ。
> …理解があって、おもしろくて、やさしい先生に教えてもらってよかったなあ！　って思います。先生、これからもがんばってね！！（さくら）

えっ！　このボクが〈理解がある先生〉ですか？　このボクが〈おもしろくて、やさしい先生〉ですか？　さくらさんの目には〈この授業をするボク〉がそう見えたんだ。これにはびっ

くりです。

　子どもと関わるのが好き，明るい性格，笑顔で元気，大きな声，お話が上手，その方がいいかもしれない。でも，そういったことよりも，もっと大事なことは，〈子どもたちが歓迎する，学ぶに値する教材があり，その教材を自分が選んで授業をする〉ということだ。そのことを，ボクはさくらさんから教わったのでした。

　この授業をするには，〈「授業書」を自分で選んで授業をする〉というところに自分の決断がいります。その教材が必ずしも教科書（学習指導要領）に沿ったものではないから勇気がいります。校長先生や先輩の先生の目も気になります。でも，「教師を続けるか，やめるか」の決断とくらべたら小さい勇気でした。「この授業（仮説実験授業・たのしい授業）をしないで，教師を続けるなんて，ボクにはできない」と思いました。

ボクにとっての〈教師に向いている〉とは？

　ボクの授業を受けた学生さんの最終講義のときの感想を一つ紹介します。

> 　毎回の「理科」の授業，とても楽しかったです。大学生の私がわくわくする授業なのだから，子どもはもっと楽しめるのだろうなと思います。
> 　山路先生のすごいところは，こんなに楽しい授業なのに，教師にあまり技術がなくてもできてしまう授業を紹介してくれたところです。何だか失礼な言い方かもしれません。すみ

ません。だから，私にとっては救いのある授業でした。

　教師という職業にあこがれて，この大学に入学したけれど，私は昔から友達が少ないし，積極的に人と関わるのは苦手だからです。もっと面白い話ができたらいいのにとよく思っています。「私には教師をやるのは無理じゃないか」「いや，大丈夫かもしれない」と，いつも迷っていました。

　でも，今は「できるかもしれない」と思うことが多くなりました。山路先生は，私のような性格の人のことを考えた授業ができています。私も，人と話すのが苦手です。でも，言いたいことをうまく言えない子どものことを他の誰よりも理解してあげられれば，それはそれで"良い先生"と言えるのではないかと思います。そんな勇気をもらえる授業でした。本当にありがとうございました。（内田友子）

　友子さんはおとなしく目立たない子で，ボクが最初に考えていた〈教師に向いている人のイメージ〉からは遠い子でした。そんな彼女がボクの授業を受けて「勇気をもらえた」と言うのです。

　こうして考えてくると，そもそも最初の〈教師に向いている人のイメージ〉……子どもと関わるのが好き，明るい性格，笑顔で元気，大きな声……については説明し直さなくてはならなくなりました。

　今では，こう思います。

　「この授業をしたら，きっと子どもたちに歓迎されるぞ」という教材を選んで授業をするボク。その授業で，子どもたちが喜

んでいる姿を見て,うれしくなるボク。そういうボクは「教師に向いている」のだ,と。

　そして,その授業の結果,子どもたちから「授業がたのしい」と言われ,笑顔と明るさと元気をもらい,自信を持って授業をすることができるようになった,というわけです。

＊

　授業以外では,相変わらず口下手だし,声も小さくて,性格も変わりませんけどね。

ヤマジさんの昔話

ボクの進路

ボクは子どものころ「電車の運転手になりたい」と思った。「なりたい」といったって，オトナたちが聞くからそう答える程度のものだった。あるとき，海水浴に行くのではじめてあこがれの湘南電車（オレンジとグリーンの東海型）に乗ったのに，酔ってしまった。乗り物に弱いことがわかって，電車の運転手をあきらめた。「あのほそい二本のレールの上をはずれないようにハンドルをきって運転するのはボクにはムズカシすぎる」と自分に言い聞かせた。

＊

中学のころ，ラジオ作りに夢中だった。3年のとき担任の先生に聞かれて「電気技師になりたい」と答えた。でもまだ漠然としたものだった。ベンキョウのことより，将来のことより，「つぎにどんなラジオを作るか」の方が大事だった。当然，第一希望の高校は落ちた。

＊

高校のころ，数学と物理の成績がわるかった。そういえば小学校のころから，「くり下がりのひきざん」「わりざん」「分数」「すばやい暗算」が特にダメだった。担任の先生に「理科系はムリです」と言われた。それでとつぜん，屋台のおでん屋になりたくなった。自由気ままに見えたし，ちくわもコンブもタコもみーんな10円均一にしてしまえばボクの計算力でカバーできると思った。でも，「ぜったいになりたい」というほどではない。おでん屋なら大学を出てからでもまにあう。

考えてみるとボクが高校に進学したのも，大学に行こうと思ったのも，要するに自分にこれといった目標がなかったからだ。スポーツ苦手，チビ，体力なし，気が小さい，根気なし，のろま，特技なし。これだけそろったボクだから，

大学を出ておいたほうがいいかもしれない。それにその間に自分の目標もきまるかもしれない。自分に自信がなかったぶん，受験勉強には力を入れた。

＊

大学は経営工学科というところに入った。そこは楽しかったが，なんとなく４年たってしまって，就職試験をなんとなく受けた。オルゴールメーカーと電気部品メーカーと２社ともみごとに落ちた。数学がぜんぜんできなかったのだからしかたがないが，ずいぶんキズついたものだ。

とりあえず無職もカッコ悪いし，ボクは家の仕事（会計事務所）を手伝うことにした。父は喜んだが，仕事の上でつらいことがひとつあった。それは〈仕事に出ると，ほとんど社長という人々を相手にしなければならない〉ということだ。社長は決して悪い人たちではないが，「世間話をしながら仕事をしなければならない」というのが，ボクにとって苦痛だった。口下手な上に，野球，ゴルフ，すもう，芸能など，ボクにはほとんど興味がないから，話の間がもたないのだ。「ボクにはこの仕事を続けられそうもない」と思った。では他にどんな仕事ができそうか。新聞の求人欄を見る。セールスマン：口下手で気が小さいからムリ。建設作業員：チビで体力がない。自動車組立工：のろまでベルトコンベアーの速さに追いつけない。……見れば見るほど，自分の無能さにあきれる。

＊

そんなとき，父の口ぐせを思い出した。「日本の国は貧乏だから，経済を立て直さなければならない」。そして「これからの日本は若い人たちでつくっていかなければならないのだから，教育の仕事が重要になってくる」の二つ。ボクの尊敬する父の言葉から思い浮かんだ仕事，それは「教師」。そうだ学校の先生がいい。これなら，「会計事務所の後継ぎにならない」と言っても，少しは父も理解してくれるはずだ。

無着成恭の『やまびこ学校』（角川文庫）を読む。教師っていう仕事はなんか楽しそうだと思った。

ボクは自分が楽しそうに授業をしている姿のイメージを描いていた。しかし大事なことを見過ごしていた。それは〈教師はしゃべって仕事をするのだ〉ということ。もしそのことに気づいていれば，口下手なボクはこの仕事を選ばなかったろう。その時は，「教科書という台本があるからだいじょうぶ」と思ったのかもしれない。

＊

ところで，「教師になろう」と決心したものの，なんと「教員免許状」というものを持っていなかった。そこでまた大学の夜間部に3年時編入し，2年間で免許を取った。「気力体力に欠けるボクでも，目的がはっきりしているとなんとかやってしまうものだなぁ」と思った。

ただ，教師になろうと決心したことは父にはナイショにしておいた。それは，「父のがっかりした顔を2年間も見続けながら家業を続けるのは耐えられない」と思ったことと，自分の性格からして，「その決心が途中で軟弱にもくずれてしまうことが十分にありえる」と思ったからだ。しかし，ついに2年間，その夢は消えることがなかった。

埼玉県の教員に採用が決まったとき，父に言った。「ボクは教師になります。会計事務所の得意先にも申しわけないし，お父さんの立場もあるから，ボクのことを勘当（親が子の縁を切ること）してください。家を出ますから」。すると父は「子どもが親に〈勘当してくれ〉なんてアベコベな話は聞いたことがないぞ」と笑った。そして「教師は責任が重いが，いい仕事だ。しっかりやりなさい」と言ってくれた。

＊

ボクが教師になろうと決心したのは25歳，実際にその仕事についたのは27歳のときだった。中学卒業のときにはもう仕事を決めてしまう人もいるし，ボクのように大学を出てもしばらく決められない人もいるのだ。「自分の生涯の仕事を選びとっていくということは，同時にほかの仕事の可能性をあきらめていくことではないか」と今思う。たぶん，その作業

にかかる時間は人によって大きくちがうのだろう。

　ボクは「進路指導」と聞くと，思わず自分のことを考えてしまい，背中がかゆくなってしまう。でも，少なくとも言えるのは，「今ボクは中学校の教師という仕事をたのしくやっている」ということだ。そして「センセイの科学の授業はたのしいよ」と言われることがうれしいし，そういう授業ができる自分に誇りを持っている。それに，たのしい授業をすることでステキな子どもたちと出会うことができ，いちばん多感な青春時代をともにできるシアワセがある。

　ボクは今，教師になってよかったと思っている。

　もし，あなたが自分の進路や職業のことで悩んだり挫折しそうになったとき，ボクのこの話を思い出してくれるとうれしい。

3

理科から科学へ

「理科離れ／理科嫌い」とその対策

「理科が好き」という子が増えたらいいなあ

 ボクは大学で，理工学部と通信教育部の学生さんに「理科教育法」（教職科目）を教えています。「理科教育法」は中学・高校の理科の免許を取得するための科目です。この科目を受講する人たちは，卒業すると中学校と高校の理科の教師になる人が多いようです。それなら，彼らが先生になったとき，「理科が好き」という子が増える，せめて「理科が嫌い」という子が増えないということが，ボクの一つの大きな目標になるだろうなあ。そのためには何を伝えてあげたらいいんだろう？

 まずは「理科離れ／理科嫌い」と言われているけど，現状はどうなっているかを調べて，その結果を元に対策を考える必要があります。

「理科離れ／理科嫌い」の「対策」

 まず，文部（科学）省や理科教育関係者の考えた「理科離れ／理科嫌いの対策」には主にどんなものがあるでしょうか。ボクの知る範囲でまとめてみました。

 たとえば…

1．理科の授業時間を増やす。学習指導要領を変える。
2．生徒実験を増やす。実験助手を増員する。
3．理科の実験器具を充実させる。予算を配当する。
4．小学校の先生たちの指導力を向上させる研修をする。
5．本格的な科学実験ができる「科学センター」を作り理科好きの生徒を集める。
6．博物館や科学館やテレビで子どもたちを惹きつけるびっくり実験をする。

　これらはどちらかというと「理科嫌い対策」というより「理科離れ対策」です。そして，これらの対策はすでに1994年から行なわれてきたことです。いま大学2年生の子たちは10年前にはまだ小学生でしたから，これらの対策の「恩恵」を受けているはずです。

　そこで，その実態を知るために，ボクの授業を受けている学生さんを対象に「理科離れ／理科嫌い」についてアンケートをとって聞いてみることにしました。

〈理科離れ〉か〈理科嫌い〉か —— 言葉の問題

　さて，アンケートをとるにあたって，質問用紙を作ります。ところが質問の言葉について考えてしまいました。〈理科離れ〉と〈理科嫌い〉のどちらの言葉を使ったらいいのかということです。ためしに書いてみます。

〔質問〕あなたは小・中・高校で理科に近づきましたか，離れましたか？

　なんか変です。「何を聞きたいのか？」と逆に質問されそうで

す。

〔質問〕あなたは小・中・高校で学んだ理科は好きでしたか，嫌いでしたか？

　こちらの方が自然に答えられそうです。

　そうか，〈理科離れ〉という言葉は，〈理科嫌い〉という言葉がキツイので，少しぼやかして言ったのかもしれない，と思いました。言葉をぼやかすと考え方もぼやけてしまいます。そこで，質問は〈理科好き〉〈理科嫌い〉で統一することにしました。

　＊〈理科離れ〉については1994年の日本物理学会，応用物理学会，日本物理教育学会の3学会が「理科教育の再生を訴える」という会長共同声明を発表し，新聞・報道に取り上げられるようになりました（板倉聖宣「〈理科ばなれ〉現象について」『教育が生まれ変わるために』仮説社）。この本で板倉聖宣さんは「〈理科離れ〉と〈理科嫌い〉の微妙な言葉の使い分け」という文で〈理科離れ〉から〈理科嫌い〉を切り離そうとする学会の人たちのことについて書いています。

〈理科好き〉〈理科嫌い〉はいつから？──大学生に聞きました

　アンケートで聞くにあたって，小学校，中学校，高校と学校ごとに分けてそれぞれに「好き／嫌い」を聞きました。こうすると，どこで好きになったか，どこで嫌いになったか，元々好きか，嫌いかがわかるからです。

　さて，どんな結果になるでしょうか？

〔問題1〕　あなたは学校で学んだ「理科」は好きでしたか？　それとも嫌いでしたか？　小・中・高校のそれぞれの時期に分けて答えてください──こういった質問を大学生59人

（教育学部小学校教員養成コース2年生）に聞きました。

では，その集計結果を小・中・高校でくらべると，一番「好き」が多かったのはどの学校時代だったでしょう。

予想

ア．小学校で一番「好き」が多かった。

イ．中学校で一番「好き」が多かった。

ウ．高校で一番「好き」が多かった。

エ．小・中・高どれも同じくらいで1割も違わなかった。

オ．その他。

教育学部　アンケートの集計結果

アンケートの集計結果は，下の表のようになりました。小学校では「好き」という子が8割近くいることにびっくりします。グラフから見ると中学校，高校へと行くにしたがって，みごとに「好き」が半分，半分に減っていき，「嫌い」は2倍，2倍と増えていきます。

○好き　△どちらともいえない　×嫌い

	○	△	×
小学校	76%　45人	15%　9人	9%　5人
中学校	43%　25人	41%　24人	16%　10人
高校	22%　13人	37%　22人	41%　24人

この結果は，1大学の1学部59人を対象にしたものなので，

統計的には説得力がありません。しかし、同じようなことを調査して、同じような結果が出ている研究の報告があります。

たとえば、松原静郎「児童生徒の理科に関する意識の経年変化」（『国立教育政策研究所紀要』第136集、2007年）には「これまで国立教育政策研究所及び前身の国立教育研究所が実施してきた国際教育調査や国内の教育課程状況調査では、いずれの調査でも、小学校での理科は好きな教科であったが、中学校高等学校へと進むにしたがって好きな生徒の割合は減っていった」とあります。

このように、ボクの行なったアンケート集計結果の特徴は、この大学の学生に限ったことではなく、実は二十年以上前から言われていたことなのです。

そういった事情を考えると、先に挙げた〈文部（科学）省や理科教育関係者の考えた「理科離れ／理科嫌いの対策」〉はボクの調査対象とした大学生には「その効果が現れていない」と言っていいようです。

好き・嫌いの「理由」

では中学・高校の「好きだった理由」「嫌いだった理由」について、学生さんたちはどんなことを挙げているでしょう。どんな理由が多いでしょう。

「理由」を書き出してみると、

「好き」の理由で最も多いのは「先生の個人的な魅力」「先生が好き」というもの。

「どちらともいえない」の理由で最も多いのは「分野によって

好き嫌いがある」というもの。

「嫌い」の理由では「難しくなった」「わからなくなった」が最も多いものでした。特に化学をあげた人がたくさん。

さて，この結果を見て，中学・高校の理科の先生としては，何をしなければならないでしょうか。どうしたらよいでしょうか。

「好き」になってもらうには〈「魅力的な先生」にならなくてはいけない〉ということですが，〈どういう先生が魅力的か〉については，このアンケートではわかりません。

「理科嫌い」の問題を突破できる一つの方法

つぎに，この「理科嫌い」の問題を突破した一つの例を紹介します。

その例とは，ボクの研究仲間の一人である由良文隆さん（神奈川・中学校理科）の報告です。今からその一部を紹介します（由良文隆「中学校3年間で理科が好きになりましたか？」『たのしい授業』No.405，2013年4月号，仮説社）。

由良先生は「私は〈私と出会ったときよりも理科嫌いにしない〉ということを理科の授業の目標の一つとしています」と言っています。その由良先生が中学校3年間持ち上がりで理科を教えた子たちにアンケートをとりました（5クラス173人）。由良先生は3年間仮説実験授業をはじめとする〈たのしい授業〉を続けてきたのです。もちろん教科書の授業もしっかりやってのことです。その報告は，この子たちが入学した2009年4月に聞いた結果と，3年後2012年卒業時に聞いた結果をグラフにしてあ

ります。

＊ 原アンケートは「とても好き」「好き」「どちらともいえない」「嫌い」「とても嫌い」の5段階で聞いたものをグラフにしてあります。そこで編者が大学生への質問の集計と同じように，グラフを3段階（とても好き＋好き＝〇印，どちらともいえない＝△印，嫌い＋とても嫌い＝×印）にしました。また，元グラフは5クラスのクラス別集計になっていましたが，編者が全クラスを合計して，グラフを描き足しました。

まずは入学時のグラフを見ましょう。

2009年入学時（ⓒ Yura Fumitaka，2013編者集計）

〇好き　△どちらともいえない　×嫌い

クラス	〇	△	×
5組	13人	15人	5人
4組	19人	8人	6人
3組	14人	10人	9人
2組	19人	9人	5人
1組	9人	17人	7人

「理科離れ／理科嫌い」とその対策

2009年入学時全クラス集計（編者集計）

○	△	×
45% 74人	36% 59人	19% 32人

入学時のアンケート結果は，先の大学生が中学時代のときの結果とほぼ同じ割合を示しています。

つぎに，卒業時のグラフを見ましょう。

2012年卒業時（ⓒ Yura Fumitaka, 2013 編者集計）

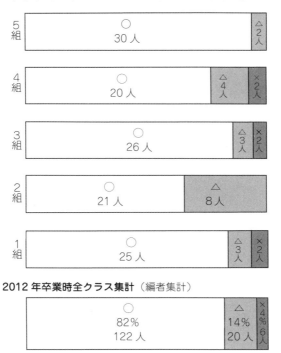

2012年卒業時全クラス集計（編者集計）

○	△	×
82% 122人	14% 20人	4% 6人

この結果を見ると，2009年入学時に「嫌い」が19％いましたが，2012年卒業時には4％に減っています。また，2009年入学時には「理科が好き」という子が45％いましたが，2012年卒業時には「好き」が82％にも増えているのです。「嫌いにしない」という目標はとっくに達成されて，「理科が好き」が大幅に増えているのです。

　この結果を見ると，「この由良先生が授業の名人で特別に理科の授業が上手だったからだろう」と思う人も多いと思います。でも，それは違います。確かに由良先生はベテランではあります。「ベテランだから授業が上手」という面もあるかもしれません。でも実は，この由良先生が使っている教材が仮説実験授業の《授業書》といって，熱心な先生ならだれでもマネできて，同じような成果が出るものなのです。

　由良先生のことを少し紹介します。彼は新任から4年間「養護学校（現在の特別支援学校）」で勤務した後，中学校の理科の教師として働くことになりました。そのときのことをこう書いています。

　〈教科書やちょっと発展的なことをやればいいだろう〉と軽く考えていた理科の授業もうまくいきませんでした。〈一生懸命やっているのに生徒たちはちゃんと聞いてくれない。困ったものだ〉と自分の未熟さを生徒たちのせいにしていました。仕事が辛くて足取りが重くなり，休日が待ち遠しい日々となっていきました。（由良文隆「仮説実験授業で表彰されました」『たのしい授業』No.431，2015年2月号，仮説社）

そんな由良先生はつぎの年に創刊された雑誌『たのしい授業』に出会い，仮説実験授業の《授業書》に出会い，そのときから子どもたちに歓迎される理科の授業ができるようになったと書いています。

今回は，たとえば由良先生は，次のような《授業書》を使って授業をしたと報告しています（〈　〉で示したものは《授業書》の前段階の「プラン」をあらわす記号です）。

1年次　《もしも原子が見えたなら》《光と虫めがね》第1部《タネと発芽》

2年次　《電流》〈静電気の世界〉〈煮干しの解剖〉

3年次　《力と運動》《放射線とシーベルト》〈北斗七星と北極星〉〈原子の中が見えたなら〉

いかがですか？　これが「理科嫌い」を増やさない一つの方法です。しかも熱心な教師ならだれにでもできるものです。そういうボクもじつはこの《授業書》のおかげで，子どもたちとたのしい授業ができるようになり，そして，たのしい教師生活を送れるようになった一人なのです。

教育学部の学生さんたちの「理科嫌い」その後

ところで，先にアンケートを取ったボクの「理科」を受けている教育学部の学生さんたちのことがそのままになっていました。

ボクは小原茂巳『たのしい科学の授業入門』（私家版）で授業をしています。仮説実験授業の具体的な紹介が中心です。

そこで，2015年度後期の「理科」（77名）について，最初の授

業で「本講義受講前の理科の好き嫌い度」を聞き，最後の授業で再び「受講後の理科の好き嫌い度」を聞き，合わせて感想を書いてもらいました。その結果はつぎのグラフのようになりました。

講義前

| ○好き
30％
23人 | △どちらとも
33％
22人 | ×嫌い
37％
24人 |

講義後

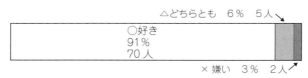

この結果を見ると，講義前は「嫌い」が37％いましたが，講義後には3％に減っています。また，講義前には「好き」という子が30％いましたが，講義後には91％にも増えているのです。

そして，「理科が嫌いになった」は一人もいなくてほっとします。「嫌い」から「好き」になった学生さんの代表的な感想を紹介します。

○この授業〔教職理科〕の履修届けを出すとき，とても気が向かなかったのを今でも憶えています。中学時代から理系の教科＝数学・理科に苦手意識を持っていたので，「どうせ，この授業，難しくてつまらないんだろうなあ」と思っていました。でも，実際に受けてみて，理科という教科に対する見方が

360度変わりました。〔180度じゃないところがすごいです。編者〕。

　まずおどろいたのが，常におもしろい実験があること。そして，全員で参加できる，楽しい授業だったということです。児童・生徒向けの授業だったのかもしれないけど，十分，学生の自分でも楽しめる内容でした。特に印象強かったのは，みんなで教室を飛び出して，ピンポン玉とゴルフボールを3階から同時に落とす実験です〔《力と運動》第4部〕。予想がはずれてびっくりしました。そして，何よりみんなでそろって上を見上げたりしたのがおかしくて，最高でした。

　今日，振り返ってみて，科学の授業は楽しいと思いました。また，こういう授業なら自分もやってみたいと思えました。山路先生にもっと早く出会っていたら，苦手意識を持たずにすんだかなと思っています。短い間でしたが，ありがとうございました。（山中心一君）

　このデータと感想は，「理科が嫌い」のまま大学生になっても，〈「仮説実験授業」や「たのしい授業」に出会えれば，半年15回×90分の授業でも「理科嫌い」が克服できる〉という証拠になっているのではないかと思いました。

子どもたちに歓迎される授業を

　仮説実験授業と〈たのしい授業〉を提唱した板倉聖宣さんは，先に紹介した本の中の「〈理科ばなれ〉現象について」で，次のように書いています。この文が書かれたのは1994年ですから20年も前のものです。書かれていることは，現在でもそのまま

当てはまる分析と提案ではないかと思うので、読んでみてください。

> 日本人はこれまで、「何か問題が起きたら、制度を変える運動を起こす」というやり方をするのが常でした。じつは、日本人はこれまでいつもそうやって、欧米の進んだ制度を取り入れて成功してきたとも言えるのです。しかし、そういうやり方は、もう「後進国」とは言えなくなった日本にふさわしい問題解決方法とは言えません。

先の〈「理科離れ／理科嫌い」の「原因」と「対策」の選択肢について考える〉の項であげた20年前の「対策」6つはどれも制度や政策としての対策です。それでは問題が解決できないのではないかと、当時から板倉聖宣さんは予言していました。そして、20年後の現在、予言どおり問題は解決していません。では、どうすればいいと言っているのでしょうか？

> 教育制度よりも、まず教育内容と教育方法の改善をはかって、必要ならそれをテコにして制度の改革を行なうようにすればいいと思うのです。

制度の改革より「教育内容と教育方法」の改善が先だというのです。

> じつは、私たち『たのしい授業』学派だけは、「教育の主人

公は子どもたちだ」という認識のもとに，教育にかかわる一切の束縛を排除して，未来の社会と子どもたちの求める教育の在り方を自由に研究してきたのですが，残念ながら，ほかにはそういう研究をすすめてきた人びとはほとんどいないのです。（板倉聖宣「〈理科ばなれ〉現象について」『教育が生まれ変わるために』仮説社）

「ほかにはそういう研究をすすめてきた人びとはほとんどいない」理由はボクにもわかります。それは，かつてのボクと同じように教師は学習指導要領による束縛を受けているからです。「指導要領準拠の教科書以外の教材を使ってもいいのか？」と思うからです。だから，もし「理科離れ／理科嫌い」対策として制度や政策を変えるとしたら〈現場での教育研究の自由を保障する〉ということが一番先だと思うのですが，どうでしょうか？
　しかし，指導要領の束縛の中でも，制度が変わらなくても〈子どもたちが「たのしい」という教材を選び，授業にかけている〉ボクがいます。そして，由良先生をはじめ，たくさんの〈たのしい授業〉学派の教師がいるのです。
　問題は制度ではなくて，〈子どもたちに歓迎される授業〉ができるかどうかなのです。

日本の科学教育の歴史から学ぶ
● 《政治・教育思想と科学（理科）教育》の授業

はじめに ── ボクの問題意識

　ボクは長く中学校の理科教師をしてきました。そして「たのしい授業」や「仮説実験授業」を中心に授業をしてきましたが，一方で，高校入試という現実に合わせた「教科書の授業」も並行してやってきました。

　その中で，「教科書の授業」をしているときにいつも気になっていたことがあります。それは

　　どうして，理科の教科書にはこんなに細かい知識がたくさん
　　詰め込まれているのか？
ということです。「細かい知識」だって，社会に出て役に立つことや，社会や自然に対する視野が広がったりすることなら，細かくても，たくさんでも，伝えたいと思いましたし，自分が子どもなら学ぶ気もすると思います。しかし，実際に教科書で授業をしているボクには「本当に教えるに値する知識はわずかしかないなあ」と思えたのです。

　一方で，教科書は文科省の学習指導要領にしたがって作られているものです。文科省が長年，多くの学者の知恵を集めて，改訂に改訂を重ねて作られたもので「それなりの権威」もあり

ます。そう簡単に否定できるものではありません。どう考えたらいいのでしょうか？

ボクの心の中では、「何で、こんなことを教えなくちゃいけないんだ」と思いながら、また一方で、その教科書の授業をして「試験に出すぞ」なんて言っている自分がとてもみじめでした。唯一、自分を正当化できたのは「高校入試のため」ということでした。

ある授業書との出会い

そんなボクが《政治・教育思想と科学（理科）教育》（板倉聖宣・永田英治『たのしい授業』No.25, 1985年4月号。板倉『たのしい授業の思想』仮説社, 1988年, に再録）という授業書に偶然に出会いました。そして、その内容を知って「そういうことだったのか！」と先の疑問が一気に解け、とても感動したのです。

もう少し詳しくお話します。ボクがこの授業書に出会ったのは2012年7月のことでした。この授業書は、日本の科学教育の歴史が学べるようになっているのですが、慶応大学の竹村英樹さんに紹介してもらったとき、題名だけで逃げ出そうとしたボクです。しかし、その内容を知ってとてもびっくりしました。その内容はボクに、

〈現在の理科教育の問題点がどこにあるのか〉、

そして〈未来の科学教育がどうあるべきか〉

について、とても明るい見通しを持たせてくれたからです。ボクは「こういうことは、理科教師として、現役のときに知っておきたかったなあ」と思いました。そうだ、いま教えている大学生、未来の理科の先生たちにこの知識を知らせたら、きっと

喜んでくれる。「そうだったのか！」と思ってくれる。そして，広い視野で今の理科教育について考え，未来の科学教育について考えてくれるに違いないと思いました。

自家用授業プランを作る必要

　さっそく次の年（2013年夏），通信教育のスクーリング（短期間の教室での講義）で前半の「上」を90分２コマでやってみました。この授業はとても好評でした。しかし，スクーリングは１日３コマ×２日間だけです。他にも仮説実験授業《力と運動》の授業，「実験とは何か」など伝えたいことがたくさんあります。短い時間に，たとえば１コマだけで「全部の内容を，粗削りでもなんとかたのしく伝えられないか」と思いました。また，中に出てくる「仰せ出され書」や「教育勅語」など，現在では使われていない言葉がたくさんあって，ボク自身でさえ意味がわからないところがあり，内容理解のために，再構成する必要も感じました。

　そこでこの年（2013年）の自分の授業記録を元にして，次の年（2014年）はボクが90分１コマ用の自家用授業プランに再構成してみました。授業書を自家用に再構成するといったって，ボクは板倉先生や永田英治先生のような専門家ではありません。そこで，この内容の元になっている板倉聖宣『日本理科教育史』（初版1968年，第一法規。増補版2009年，仮説社）を読むことになりました。ボクはこの本を持ってはいましたが，まさか自分で読む日が来るとは思ってもみませんでした。全部で580ページの分厚い本ですが，初めの「総説」（約30ページ）だけでも読

んでみるとおもしろいのです。日本の理科教育の全体像が見えてきます。

さて，こうしてこの本を読みながら，

　　ボクが「そうだったのか！」と感動した２つのこと

を中心に90分１コマ用の自家用授業プランに再構成することができました。そして，それを使って通信教育のスクーリングで実際に授業をしてみたのです。

通信教育のスクーリング

以下に紹介する授業プランと授業記録は，明星大学通信教育部の「理科教育法３」スクーリングのうちの１コマ（90分）で行ったものです。

この「理科教育法１～４」を受講する人たちのほとんどが，小・中・高校の理科以外の先生やすでに社会人で，「中学・高校の理科の教師になりたい」という目的意識がはっきりしています。ですから，「理由・討論」も，学生という感じより，社会人という感じで，そのわりには，子どものように間違いを恐れず，議論が楽しくてしょうがないという風で，どんどん意見を言ってくれる，ありがたい学生さんたちでした。

授業記録（2014年８月13日「理科教育法３」２限目，受講24人）
　＊授業プラン本文はワキに罫線を入れてあります。また，ヤマジの発言，学生の意見・感想文は一字さげて表記してあります。

ヤマジ　〈政治・教育思想と科学（理科）教育〉という教材を使っ

て，日本の科学教育の歴史について学びましょう。

現在の理科教育には「理科嫌い／理科離れ」など，いろいろな問題があって，みなさんも考えたり，議論をしたりすることがあると思います。そのときに正しい歴史的基礎知識がないと，議論がかみあわないし，まちがった知識で議論してもムダになってしまいます。現在その基礎知識があまり知られていないために，シロウト的な議論とシロウト的な結論で教育の世界が動いてしまっているように思います。

この教材から得られる知識は，これから中学校・高校の先生になるみなさんにもぜひ知っていただいて「未来の科学（理科）教育」について考えるときの基礎にして欲しいなあと思って，紹介することにしました。

プリントでやっていきます。これも予習禁止ですので，先を見ないで問題を考えてください。

だいぶ難しいテーマですので，わからないところがあったら，私の話をさえぎってでも「わかりません！」と言ってくださいね。

では，問題をやりましょう。

1.「仰せ出され書」と明治初年の「科学」教育

〔問題1〕 日本の近代的な学校教育制度は明治五（1872）年に文部省が定めた「学制」によって始まりました。そのとき政府（太政官）は「仰せ出され書（おおせいだされしょ）」とい

うものを発表して、「学制」の精神を説き示しました。その「仰せ出され書」に示された「学制」の基本的なねらいはどんなものだったと思いますか。

ア．天皇中心の国家を強くするために新しい教育制度を設けることにした。天皇に忠義を尽くすことを心掛けて教育せよ。（天皇制国家主義）

イ．新しい近代国家を築くためには、産業を興し、軍隊を強くすることが大切なので、新しい教育制度を設けた。お国のためになる教育を心掛けよ。（富国強兵）

ウ．新しい時代に生きるためにも、親孝行や目上の人を重んずる教育が大切である。昔からの家族制度や秩序を大切に教育せよ。（家族主義）

エ．教育は国家のためのものでなく、自分たち自身のためのものである。各自の生きていく能力を身に付けるための実用的な教育を大切にせよ。（個人主義）

判定

各自予想を選んでから、つぎの「仰せ出され書」の全文を読んで、どの予想が正しいといえるか、判断してください。

ヤマジ　ちょっとむずかしいですが、考えてください。選択肢の文が長いので、後ろに付いているカッコの言葉で代表して言うことにしましょう。自分の予想に手を上げてください。

予想分布
　　ア．（天皇制国家主義）　　　　6人
　　イ．（富国強兵）　　　　　　14人

ウ．(家族主義)　　　　　　1人
　　エ．(個人主義)　　　　　　3人
——アとイが多数派になるのは昨年も同じでした。ボクも出会った時の予想はアでした。
ヤマジ　今ある知識を総動員して，理由をなんとか考えてみてください。
松崎さん（ウ　家族主義）　なんとなく…明治五年ということで，新しい時代になったから「家族主義」っていう言葉が新しいかなと思って，言葉だけで決めました。
是永さん（エ　個人主義）「教育原理」という科目で習った記憶がかすかにあり，最初に個人の能力を高めて，立身出世をめざせ，みたいなことがあって，とちゅうから「お国のために」の方向になっていった，という気がします。
福西さん（ア　天皇制国家主義）　明治になってまだあまりたっていないときに出されたものだから，新しい時代にふさわしい，今までの封建時代と違うものだろうと思って「ア」にしました。
小泉さん（ア　天皇制国家主義）　確か，この時代は天皇制が敷かれたときだと思ったので。おそらくそんな中で出されたものだからおそらく天皇制国家主義という文言が出てくるんじゃないかなと思いました。
山口さん（イ　富国強兵）　明治維新があって，江戸幕府がつぶれて，ペリーが来て，何か，国を強くしないとあかんよ〜という気がしました。
ヤマジ　他に意見はありませんか？　では，判定です。

「仰せ出され書」は，通称「学制序文」とか「被仰出書」といわれているものです。原文は漢字・カナ混じり文のたて書きです。ほとんどすべての漢字には，右側にふり仮名，左側にその意味が仮名で書きこまれていて，この文書の啓蒙的な（正しい知識を普及しようとする）性格をよく示しています。

以下の文章は現代の読者が読みやすいように，現代式に句読点を加えるなど，手を加えてあります。（下線はヤマジによる）

ヤマジ　これ，ボクは読めませんでした。そこで現代語訳に挑戦してみました。でも，全部ここで読むのはたいへんなので，原文の中で大事だと思ったところに下線を引きました。あとで現代語訳を紹介します。最初は下線部の原文を読んで，つぎにボクの現代語訳を聞いてくれますか。多少不備があるかもしれませんが，許してください。

> 仰せ出され書（明治5年8月2日太政官布告第214号）
> <u>人々自らその身を立て，その産を治め，その業を昌にして，以てその生を遂ぐるゆえんのもの他なし。身を修め，智を開き，才芸を長ずるによるなり。而して，その身を修め，智を開き，才芸を長ずるは，学にあらざれば能わず。</u>これ学校の設けあるゆえんにして，日用常行・言語・書・算を初め，士・官・農・商・百工・技芸および法律・政治・天文・医療等に至るまで，およそ人の営むところの事，学あらざるはなし。
> 　人能くその才のあるところに応じ，勉励して，これに従事し，しかして後初めて生を治め産を興し，業を昌にするを得べし。

されば学問は身を立てるの財本ともいうべきものにして、人たるもの誰か学ばずして可ならんや。かの道路に迷い飢餓に陥り家を破り身を喪う徒の如きは、畢竟不学よりしてかかる過ちを生ずるなり。

　従来学校の設けありてより年を歴ること久しといえども、或はその道を得ざるよりして、人その方向を誤り、学問は士人以上の事とし、農・工・商および婦女子に至りては、これを度外におき、学問の何物たるを弁ぜず。また士人以上の稀に学ぶものも動もすれば、〈国家の為にす〉と唱え、身を立てるの基たるを知らずして、或いは詞章、記誦の末に趨り、空理虚談の途に陥り、その論高尚に似たりといえども、これを身に行い事に施すこと能わざるもの少なからず。これすなわち沿襲の習弊にして、文明普ねからず才芸の長ぜずして貧乏・破産・喪家の徒多きゆえんなり。これ故に、人たるものは学ばずんばあるべからず。これを学ぶに、宜しくその旨を誤るべからず。

　これに依って、今般文部省に於いて学制を定め、追々教則をも改正し、布告に及ぶべきにつき、<u>自今以後一般の人民（華・士族・卒・農・工・商および婦女子）必ず邑に不学の戸なく、家に不学の人なからしめん事を期す。</u>人の父兄たるもの宜しくこの意を体認し、その愛育の情を厚くし、その子弟をして必ず学に従事せしめざるべからざるものなり。（高上の学に至ってはその人の材能に任すといえども、幼童の子弟は男女の別なく小学に従事せしめざるものはその父兄の越度たるべき事）

但し，従来沿襲の弊，学問は士人以上の事とし，国家の為にすと唱うるを以て，学費およびその衣食の用に至るまで，多く官に依頼しこれを給するに非（あら）ざれば学ばざる事と思い，一生を自棄するもの少なからず。これ皆惑えるの甚だしきもの也。自今以後，これ等の弊を改め，一般の人民他事を抛（なげう）ち，自ら奮って必ず学に従事せしむべき様心得べき事。

わかりにくい言葉の意味
身を立て：立身出世して。産を治め：財産を管理し。畢竟：つまり。詞章：詩歌や文章の総称。記誦：書いてあるものを見ないで，憶えていて言う。沿襲：長い間受け継がれてきた。習弊：習わしとなった悪さ。喪家：家を失う。学ばずんばあるべからず：学ばなければならない。邑：むら，行政上の集落。

〔前半下線部の現代語訳〕　人々が自分自身で一人前に成長し，自分の財産を管理し，自分の事業を盛んにして，そうすることでその一生を全うするためにはどうしたらよいかというと，それは他でもない，行いを正しくし，知識を広め，才能や技芸を伸ばすことによるのです。そうして，自分の行いを正しくして，新しい知識を増やし，才能や技芸を伸ばすことは，学問によらなければ不可能なことです。

ヤマジ　「学問をやらないと一人前になれません」と言っています。この後は，「学問をしなかったひとは，自分の財産をなくしたり，食べるのに困ったり，そういうことがおこります」

というようなことが書いてあります。
　後半にある，もうひとつ大事なところを訳してみましょう。

〔後半下線部の現代語訳〕　今から以後，一般の人民（華族・士族・卒族・農民・職人・商人・および女性や子ども）は，必ず，村には学ばない家が一軒もなく，家には学ばない人が一人もいないようにしてください。

ヤマジ　強い言い方をしています。
　そういうわけで，この文から〔問題1〕の答えは，「エ．個人主義」の雰囲気を感じていただけるでしょうか。天皇は出てきませんでした。国を富ます，軍隊というのも出てきませんでした。家族を大事にしましょうというのは「学問をしないことで家を破産させない」というところで間接的には出てきます。
　後で全文を読もうとしたときに参考になるように「わかりにくい言葉の意味」もいくつか挙げておきましたので，参考にしてください。

ボクがまず感動したのはこの「仰せ出され書」の趣旨が国家主義ではなく「ひとりひとりが，自分のために学問をしよう」と呼びかけていることです。この〔問題1〕のように「学制の基本的なねらいは？」と選択肢で聞かれなければ，目的意識を持ってこの文を読まないし，「そうだったのか！」という感動もなかったと思います。

日本の科学教育の歴史から学ぶ　139

ヤマジ　つぎの問題にいきましょう。

〔問題２〕　文部省は，明治五年に「学制」を制定したあと，すぐに「小学教則」を定めて，新しい小学校（下等小学４年・上等小学４年の計８年制）の教育内容と授業時数の標準を示しました。その中には，自然科学の教育も重視されていたと思いますか。
ア．自然科学の教育を重視した。いまの小学校とくらべて優るとも劣らないくらい。
イ．自然科学の教育もとりあげたが，いまの小学校よりずっと貧弱だった。
ウ．自然科学の教育は，まったくといっていいほどとりあげられていない。

判定
　つぎの第１図は明治五年の文部省が定めた教科別・学年別の授業時数の配分表です。このうち「自然科学関係の教科」と見られる教科の部分をカラーで色分けして，見やすくしてみてください。
　現在の小中学校の教科別時間数（第２図）とくらべて，どういえると思いますか。

ヤマジ　では，みなさんの予想を聞きます。
　予想分布
　ア．優るとも劣らない　　　　　　６人

イ．貧弱　　　　　　　　　　　11人
ウ．ほとんどない　　　　　　　　7人

西田さん（ア）　〔問題1〕の結果に関係するんですけど，僕の思っていたイメージと違って，政府が学問に対して理解があったんじゃないかと思いました。

奴田原さん（ウ）　当時は科学の教材自体がなかったんじゃないかなあと思いました。

浅川さん（ウ）　私も同じで，まだそんなに世界から情報が入ってきていないんじゃないかなあ。

永易さん（イ）　まだこの時代は全員が学校に行っているわけではないので，お金持ちの子どもしか来ていないでしょう。だから，どちらかというとリーダーシップを育てたいと思ったときに，自然科学よりも，もうちょっと別のことを教えていたんじゃないかと。

ヤマジ　他に意見があったらどうぞ。

浅野さん（ア）　はい。「仰せ出され書」の先生が下線を引いたところの「学にあらざれば能わず」の2行下のところに，「法律・政治・天文・医療等」と書いてあって，「文系」といわれる学問と，「理系」といわれる学問が二つずつ配置されているということで，僕は「ア」なんじゃないかと思いました。

ヤマジ　では判定しましょう。先ほどの〔問題1〕は文章なので，個人の読み取り方で少し違うことがあるかもしれませんが，今度はデータで示しますからズバリ答えが出ます。

板倉先生の『歴史の見方考え方』（仮説社）は，お米の生産量

や人口の増減で歴史を見ることを教えてくれています。ここでは〈授業時間数〉です。「これが原子論的な歴史の見方か」と思いました。歴史を人口で見れば，データは人の思惑には左右されません。客観的に見ることができます。同じように，学校教育についてなら，教科名と時間数は動かせない事実です。こういう目のつけどころを学ぶことで，ボクは「歴史っておもしろい！」と思えるようになってきました。

ヤマジ　次ページの表の上の段，第1図を見てください。下等小学校4年，上等小学校4年の中の時間割ですね。自然科学関係の教科といっても，ちょっとわかりにくいです。今から言う教科の図に斜線を引いてみてください。左から右へ向かって「養生口授（ようじょうくじゅ）」「理学輪講（りがくりんこう）」，上へ行って「博物」「化学」「生理」です。それから，まん中あたりに「読本読方（とくほんよみかた）」「読本輪講」右の方に「書牘（しょとく）」というのがあります。まあ読めない漢字ですが「しょとく」と読むんだそうです。これはお話を読みながら理解していく授業ですが，そのお話の内容には自然科学が多かったということです。

　つぎに下の段，第2図の説明です。これは1980年の学習指導要領です。小学校，中学校で分けてありますが，左から2番目が「理科」ですね。これが自然科学です。この枠組みを見くらべると，1872年の上等小学校は特に自然科学の授業が多いですね。以上の説明がつぎに書いてあります。

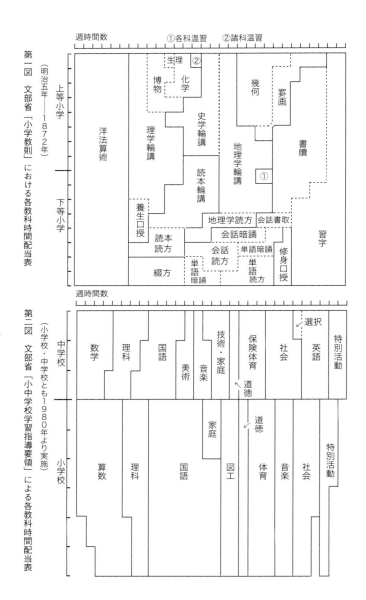

第一図 文部省「小学教則」における各教科時間配当表（明治五年──1872年）

第二図 文部省「小中学校学習指導要領」による各教科時間配当表（小学校・中学校とも1980年より実施）

〔問題2〕の答え

　1872年の文部省「小学教則」での自然科学関係教科は，養生口授・理学輪講・博物・化学・生理ということになりますが，この他，「読本読方／読本輪講／書牘(しょとく)」の教科書として例示されている本の大部分も，明治初年に洋学者たちの書いた科学啓蒙書・洋学入門書で占められています。たとえば『窮理問答』『物理訓蒙(きんもう)』『天変地異』『道理図解』『啓蒙手習の文』『(窮理捷径(しょうけい))十二月帖』といった本です。それらの教科に充てられた時間数を考えに入れずに，<u>上記の自然科学関係教科だけの配当時間数だけで計算しても，全教科の14.4％です。それに対して，1980年の小中学校「学習指導要領」での理科の配当時数は，全教科の10.2％です。ですから，明治初年の方が今日よりも自然科学の教育を重視するものになっていたに間違いありません。</u>（下線は編者）

ヤマジ　明治初年の方が配当時数は優っています。というわけで〔問題2〕の答えは「ア」ということになります。「1980年の学習指導要領」というと「ちょっと古いじゃないか」という人もいるかもしれません。そこで2011〜2012年の学習指導要領で割合を調べてくれた人の結果だけ紹介します。

＊2011年〜2012年の小中学校「学習指導要領」でも理科の配当時数は，小学校の「生活科」を半分含めて10.3％で，1980年代とほとんど変わっていません（竹村英樹さんの試算による）。

ヤマジ　その後も変わっていないということです。

ここまでのことを書いてくれた代表的な感想を紹介します。

☆「仰せ出され書」の中で示されたような近代科学の側面を学ぶことが，あるいは考え，実感させることが，子どもたちをワクワク・ドキドキさせることを，初期の明治政府が理解していたということには驚かされました…（以下略）。（西田久志さん）

　多くの学生さんが，明治初期に自然科学関係の授業が重視されていたことに驚いてくれます。もちろんボクも初めてこれを知った時にすごいと思い「この感動をみんなに伝えたい！」と思ったのでした。
　「仰せ出され書」について調べると，「個人主義」と「明治政府は近代学校制度を作った」というところまでが一般的な説明です。
　でも，この授業書では，教科名・教科内容・時間数までわかって，初めて科学教育が重視されていることがわかるのです。これが板倉先生の視点です。
　ここのところが，ボクがこの授業書に出会ったときに「そうだったのか！」と，とても感動したことの一つ目です。

2.「教育勅語」と「理科」のはじまり

〔問題3〕　日本の教育思想史の上で「仰せ出され書」とならんで重要だといわれているものに「教育勅語」というものがあります。その「教育勅語」に示されている教育の思想はど

んなものだったと思いますか。
ア．天皇中心の国家を強くするために新しい教育制度を設けることにした。天皇に忠義を尽くすことを心掛けて教育せよ。（天皇制国家主義）
イ．新しい近代国家を築くためには，産業を興し，軍隊を強くすることが大切なので，新しい教育制度を設けた。お国のためになる教育を心掛けよ。（富国強兵）
ウ．新しい時代に生きるためにも，親孝行や目上の人を重んずる教育が大切である。昔からの家族制度や秩序を大切に教育せよ。（家族主義）
エ．教育は国家のためのものでなく，自分たち自身のためのものである。各自の生きていく能力を身に付けるための実用的な教育を大切にせよ。（個人主義）

判定

　各自予想を選んでから（二つ以上を選んでもよい），つぎの「教育勅語」の全文を読んで，どの予想が正しいといえるか，判断してください。

「教育勅語」は有名なので，正解者が多いかなあと思いました。

ヤマジ　この「教育勅語」の思想は何が中心でしょうか。二つ以上選んでもいいです。予想をしてみてください。
　　予想
　　ア．天皇制国家主義　　　　　　18人
　　イ．富国強兵　　　　　　　　　14人

ウ．家族主義　　　　　　　　　5人
　　　エ．個人主義　　　　　　　　　4人

小泉さん（エ）　先ほどの〔問題1〕の流れをくんで考えると同じ方向かな。

多田さん（ウ）　たしか，儒教的な教えを大切にしようという傾向が強くなった頃なので，こういう家族観とか，目上の人を大切にしようというところを重視したんじゃないか。

温品さん（イ）　僕は「ア」と「イ」と両方に手を上げたんですが…，教育勅語が出た時に「天皇制国家主義」か「富国強兵」政策が出てきたんじゃないか。国をどんどん強くして，国民は天皇の子で，産業を強くして世界に出ていくみたいなことをやった気がする。その中で「ア」と「イ」とどちらかに当てはまるんじゃないかと思って両方にしました。ここからは，もう，個人とか，家族とかいうことじゃなくて，天皇制とか富国強兵に突き進んでいった時代の教育じゃないかなと思います。

浅野さん（ア）　教育勅語の「勅」という字がありますが，あれって，天皇とかそういう人が出す「言葉」だと思います。

——「おお〜！」という声。

ヤマジ　では他に意見のある人？

小泉さん（ア・イ・エ）　先ほど「エ」に手を上げたんですけど，「エ」はやめにします。先ほど「ウ」の人が儒教的な思想が入ってきたということで，〔問題2〕の答えの表の科目名の中に「修身」というのがあったんです。たしか，それも儒教的な流れを含んでいた記憶があります。「エ」はやめて，「アとイ」に

します。

渡辺さん　私は「ア・イ・ウ」なんですけど。「エ」をのぞくと,「言っていることに矛盾はないじゃん」て思うんです。もう一方の「仰せ出され書」で大事な「エ」の「個人主義」を言っているから,つぎは残りの「ア・イ・ウ」のことを「教育勅語」に書いたんじゃないかと思います。

ヤマジ　では次のページを見てください。答えです。今の人から見ると非常に読みにくいものです。(「教育勅語」を見ながら)「勅語」というのは先ほど浅野さんが言われたように「天皇からの言葉」という意味です。ボクが大事だと思ったところ2カ所に下線を引きました。下線部だけボクが現代語訳してみます。訳し方に党派性があって,政治的な思惑で雰囲気が変わります。「この訳し方はけしからん」という人もいるかもしれませんが,国語辞典を使いながらシンプルに訳してみました。全文の現代語訳は自分で挑戦してみてください。

教育勅語

　「教育に関する勅語」は1890(明治23)年10月30日に発布されたものです。以下の「教育勅語」の前文を読んで,その思想と1872(明治5)年の「仰せ出され書」の思想とくらべてみてください(なお,原文には一切ふりがながなく,句読点もありません。送り仮名はカタカナで,濁点がありませんが,ここでは補ってあります)。

　勅語

朕惟フニ，我ガ皇祖皇宗国ヲ肇ムルコト宏遠ニ，徳ヲ樹ツルコト深厚ナリ。我ガ臣民克ク忠ニ克ク孝ニ，億兆，心ヲーニシテ，世々厥ノ美ヲ済セルハ，此レ我ガ国体ノ精華ニシテ，教育ノ淵源亦実ニ此ニ存ス。爾臣民，父母ニ孝ニ，兄弟ニ友ニ，夫婦相和シ，朋友相信ジ，恭倹己レヲ持シ，博愛衆ニ及ボシ，学ヲ修メ業ヲ習ヒ，似テ智能ヲ啓発シ，徳器ヲ成就シ，進デ公益ヲ広メ，世務ヲ開キ，常ニ国憲ヲ重ジ，国法ニ遵イ，一旦緩急アレバ義勇公ニ奉ジ，似テ天壌無窮ノ皇運ヲ扶翼スベシ。是ノ如キハ，独リ朕ガ忠良ノ臣民タルノミナラズ，又以テ爾祖先ノ遺風ヲ顕彰スルニ足ラン。

斯ノ道ハ，実ニ我ガ皇祖皇宗ノ遺訓ニシテ，子孫臣民ノ倶ニ遵守スベキ所，之ヲ古今ニ通ジテ謬ラズ，之ヲ中外ニ施シテ悖ラズ。朕，爾臣民ト倶ニ拳々服膺シテ，咸其徳ヲーニセンコトヲ庶幾フ。

明治23年10月30日

御名御璽

わかりにくい言葉の意味

朕：天皇の自称。皇祖：天皇の祖先。皇宗：歴代の天皇。臣民：君主国の国民。世々：代を重ねること。恭倹：人にはうやうやしく，自分には慎み深くすること。世務を開く：世のために尽くし。天壌無窮：天地と同じように永遠に続くこと。扶翼：仕事・任務がうまく進むように助けること。悖らず：そむかない・反しない。拳々服膺：うやうやしく慎み，そのことを心にとどめて忘れず行うこと。御名御璽：天皇の名前と天皇の印鑑（以上，

岩淵悦太郎編『岩波国語辞典』を参考にしました)。

下線部1　原文：我ガ皇祖皇宗国ヲ肇ムルコト宏遠ニ，徳ヲ樹ツルコト深厚ナリ
現代語訳：私（明治天皇）の祖先，歴代の天皇がこの国を始めたのは，はるか遠い昔のことで，築き上げた道徳は深く厚いものです。
下線部2　原文：爾臣民，父母ニ孝ニ，兄弟ニ友ニ，夫婦相和シ，朋友相信ジ，
現代語訳：あなたたち国民は，父母に孝行し，兄弟は仲良くし，夫婦は協力しあい，友人は信じあい，……

ヤマジ　というわけで，天皇制国家主義と儒教的な家族主義を表す言葉があります。つぎに答えが書いてあります。

〔問題3〕の答え　「仰せ出され書」と「教育勅語」とは，そこで説かれていることがずいぶん違います。日本の教育は，1945（昭和20）年の敗戦まで，「教育勅語」のもとで，忠君愛国と家族主義中心の修身教育を中心におしすすめられたといっていいのです。

ヤマジ　〔問題3〕の答えは，「ア・ウ」になります。「教育勅語」が出されてから，日本が太平洋戦争で敗ける1945年まで，長い期間ですね，ずーっと，この「教育勅語」は教育に関する基本方針だったということです。続けましょう。

それなら，明治政府が，教育方針をそのように公に転換するようになったのは，いつ頃からのことだと思いますか。

ヤマジ　先ほどの「仰せ出され書」と「教育勅語」は方針が全然違うでしょ。「仰せ出され書」は「個人主義」ですもんね。こちらは明治五年。一方で「教育勅語」は「天皇制国家主義」「家族主義」で明治二十三年です。この間に方針が転換されてしまったんですけど，いつごろからだと思いますか。もちろん「教育勅語」が出されたときにはすでに方針転換されていたんですけど。まあ「いつごろからかなあ？」と思ってもらえればいいです。

——この先，どのように方針転換していったか，というのが次のお話です。

　明治政府は，1877（明治10）年までに，旧武士の特権を回復しようとする士族の反乱（1874佐賀の乱，1876萩の乱，1877西南戦争）を鎮圧したのち，こんどは自由民権運動の勃興に対処するため，1880（明治13）年以後急速にそれまでの政府の方針を大きく転換させていったのです。その間，明治維新を推進した最大の実力者，大久保利通，西郷隆盛，木戸孝允は3人とも明治10〜11年に死んでいます。

ヤマジ　明治五年に「仰せ出され書」が出されたころは，福沢諭吉をはじめとする洋学者の思想が教育政策にじかに反映されました。そういう時代も，明治維新の実力者が死んでしま

うと変わるんですね。

　1880年に文部省が教科書開申制度（採択教科書の報告を求める制度）を発足させたとき，文部省はそれまで文部省自らが教科書として編纂発行した教科書も含めて，多数の教科書を使用禁止にしています。
　つまり，文部省は「学制」制定8年後の1880年に，公然とその教育方針の大転換を始め，1890年の「教育勅語」の発布をへて，その翌年の「小学校教則大綱」でその方針の大転換をほぼ完結した，といってよいのです。

ヤマジ　8年後にはもう方針転換を始めたんですね。
　先へいきます。最後の問題です。

〔問題4〕　1880〜91（明治13〜24）年の間には，文部省の教育方針が大きく転換しましたが，その間に，科学（理科）の教育の目標・配当時間なども大きく転換したと思いますか。
ア．科学（理科）教育は，忠君愛国・家族主義思想と相反する側面がかなりあるから，かなり減少させられた。
イ．科学（理科）教育は，忠君愛国・家族主義思想を支える側面がかなりあるから，かなり増加させられた。
ウ．科学（理科）教育は，忠君愛国・家族主義の修身教育などとあまり関係がないから，大して変化していない。

　予想

ア．(減少)　　　12人
　　イ．(増加)　　　 3人
　　ウ．(変化なし)　 9人

千葉さん（ウ　変化なし）　教育勅語によると，国語も理科も社会も，生きていくすべてのことが天皇のおぼしめしだ，と考えると…。

三田さん（ア　減少）　科学を「合理的な考え」とすると，「天皇が日本の国を治めるというのが本当に合理的なのかな」と疑ってしまうから，それを政府は恐れたんじゃないか，と考えると減らしたんじゃないか。

荒木さん（ア　減少）　科学も理科も理論的に考えていくことを鍛えていく学問だと思います。そういうことができる人間が増えていくと，天皇や家族主義のことを妄信的にさせるには，明確な理由に基づいて国民に動かれると政府はめんどくさかったんじゃないかなと思いました。そういうことをさけるために，少なく持っていったんじゃないかと思いました。

祝迫さん（ウ　変化なし）　富国強兵で戦争に関する教育のときに化学兵器が出てきたり，自然科学や地理も理解していないと戦略的にかなり厳しいから，そのために科学教育を重視したんだと思うんですけど，かといって配当時間を増やしてしまうと荒木さんが言うように理論的に考える人も増えてしまうので，結局，変化はないと思いました。

ヤマジ　では，結論にいきましょうか。

　これ（次ぺ図）がそのときの「各科時間配当表」です。表の下の「尋常小学科」には自然科学関係の科目はありません。

日本の科学教育の歴史から学ぶ　153

第3図　文部省「小学校の学科及びその程度」による各科時間配当表
（明治19年＝1886年より実施）

表の上の「高等小学科」にはまん中に細く「理科」があります。

じつは，「理科」という言葉が初めてここで出てきたんです。このときまで「理科」という科目名はありませんでした。

判定

日本で「理科」という教科が設けられたのは，1886（明治19）年の「小学校令」が最初です。このとき，文部省の定めた「小学校の学科及びその程度」によると，小学校の教科とその配当時間は上の図表のようになっています。

これによると，1886年の「理科」の授業時数は，小学校8年間の全授業時数の3.4％ということになります。高等小学校の4年間だけで見ると，6.5％です。（下線は編者）

ヤマジ　最後の3行に下線を引いてみてください。そして，前の「仰せ出され書」のものとくらべてみてください。

> さきに〔問題2〕のところで掲げた図表によると，1872（明治5）年の自然科学教科への時間配当は，小学校8年間を通しての全時間数の14.4％を占めていました。ですから，1886年には，自然科学関係教科の授業時数が大幅に減少させられたことは明らかです。

ヤマジ　というわけで，減少させられました。「ア」が正解ということです。

これも，先の「教育方針の転換」を具体的な数字で示しているので，とても納得がいきます。

「理科」の目標
それでは，このとき，科学・理科の教育の目標も大きく転換することになったのでしょうか。
これは明らかに大転換したのです。
まず，文部省は1881年に定めた「小学校教則要綱」で，「修身」を全教科の最初において，その重要性を示すとともに，従来の「博物学」を「博物」と改めています。「博物学」と「博物」ではどこが違うのかというと，これまでは「近代科学の自然観」を教えることを重視していたのを，今度は「いろいろな動植鉱物についての個別的な知識の教育だけにしよう」

ということにしたのです。
　そして，1886年には，それまでの「物理」や「化学」と「博物」とを合わせて「理科」という教科を設けたわけです。そして，物理教材や化学教材でも「近代科学の物質観・科学観」を教えずに，「自然現象や機械器具」についての断片的な教育だけをするようにしたのです。

ヤマジ　終わりの5行に下線を引いてみてください。これが「理科」の特徴です。

福沢諭吉を先頭とする明治初年の洋学者たちは「封建制度＝身分社会制度を支えてきた古い考え方を覆すには，近代科学の物質観や自然観を教えるのが一番効果的だ」というので，科学教育を重要視して，その考え方を文部省の「小学教則」に反映させたのでしたが，……

ヤマジ　これが「仰せ出され書」の時代です。一方，「教育勅語」の時代は，

　……明治の半ばごろからは，人々の自然観・物質観に直接関係のあるようなことの教育は無視されて，個々の動植鉱物や自然現象や機械器具についての知識を教えることが主とした目標とされるようになったのです。
　文部省が1891（明治24）年に制定した「小学校教則大綱」では，

> 　理科は，通常の天然物および現象の観察を精密にし，その相互および人生に対する関係の大要を理解せしめ，兼ねて天然物を愛するの心を養う，を以て要旨とす。
>
> と定められたのです。

ヤマジ　科学上の基本的な概念や法則などは，ここには出てきません。

　初めて「理科」という教科がうまれたときの定義を知って，ボクは「そうだったのか！」と思いました。これが二つ目の感動です。

> 現在，小・中・高校で行なわれている「理科」は，1945年の敗戦を経ても未だにこの伝統を受け継いでいるのです。

ヤマジ　そして，そのあとは，省略して，一気に2行で1945年まできました。これで，日本の「政治・教育思想と科学（理科）教育」の授業プランは終わりです。ここまでの感想をおねがいします。（授業おわり）

　代表的な感想を紹介します。
●最後の「理科の目標」のところで，明治中期に文部省が知識を教えることを主とした目標に切り替えたところから現在の理科教育につながっているという内容にとても驚きました。私自身，中学校や高校のときに「なぜ，こんな細かい知識を憶えな

ければいけないのだろう」と思ったり，「教科書を読んで，同じことを実験したりすることに何の意味があるのだろう」と思っていましたが，教育の目標が自然現象や器具についての知識を教えることであったために，そのような教育を受けてきたのだと知って納得しました。（橋本明奈さん）

学生さんたちの感想には，どれもボクがこの授業書の内容を知った時の感動に近いものが書かれていました。

1886年から1945年までについて

ところで，この授業プランでは授業時間の都合で，最後には乱暴にも1886年から1945年までをたったの2行でまとめてしまいました。そこで，その間の「理科の目標」について，文部省はどのように変えていったのかがわかる文を紹介します。

前に紹介した板倉聖宣『日本理科教育史』(仮説社)の「総説」には，「「理科」教育時代の二つの時期」の項で，まず1900（明治33）年の「小学校令施行規則」のうち，小学校の「理科の要旨」が紹介されています。

> 理科は，通常の天然物および自然の現象に関する知識の一班を得しめ，その相互および人生に対する関係の大要を理会せしめ，兼ねて観察を精密にし，自然を愛するの心を養うをもって要旨とす。(32ペ)

文部省が1891（明治24）年に制定した「小学校教則大綱」とは，文の一部が違っていますが，内容はほとんど同じように思えます。これが，41年間権威を持ち続けました。

そしてつぎに，1941（昭和 16）年に施行された「国民学校令施行規則」のうち理科の目標を示す条文を紹介しています。

> 理数科理科は，自然の事物現象および自然の理法とその応用に関し，国民生活に須要なる普通の知識／技能を得しめ，科学的処理の方法を会得せしめ，科学的精神を涵養するものとす。(35ペ)

そのうえで，『日本理科教育史』ではこう解説しています。

> しかし，ここにいわれている「科学的処理の方法」とか「科学的精神」といったものの具体的な内容を調べてみれば，それが単なる「帰納的な考え方」や「数量的な考え方」をほとんど出ていないことがわかる。ここでは明治前期の科学教育や最近の一部の科学教育論者が重要視している唯物的な自然観／科学観の教育はまったく意図されていないのである。そして，ここでは「科学の最も原理的／一般的な法則／概念の教育」は意図されていないのである。筆者がこれを「理科」教育の時代に組み入れて，「科学」教育の時代としなかったのは，このような理由によるのである。（下線は編者による）

いくら「科学」という言葉を使っても，科学上の最も基礎的・基本的な概念の教育が行なわれなければ，「科学教育」とは言えないと著者はいうのです。そして，次のように書いています。

> この「国民学校令施行規則」はいうまでもなく敗戦とともに廃止になったものであるが，今日の理科教育の趣旨はこれ

とあまりかわっていない。

このことについては，ボクが受けてきた「理科」の授業，そして教師になってからやってきた教科書の授業がそのとおりなので，改めて疑う余地がありませんでした。

原授業書では，このあたりのこと（教育勅語〜敗戦まで）にもふれていますが，ボクは授業時間の短縮のために，2行でまとめてしまったというわけです。

おわりに
このプランに積極的につきあってくれた24人の学生さんたちに「ありがとう！」と言いたいです。

読者のみなさん。最後までおつきあいいただきありがとうございました。ボクの二つの「そうだったのか！」という感動を共有していただけたらうれしいです。

＊授業書《政治・教育思想と科学（理科）教育》の全文は，
　板倉聖宣『たのしい授業の思想』（仮説社）に掲載されています。

ヤマジさんの昔話

名前

ボクの名前は〈敏英（としひで）〉。〈敏〉という字は「すばやい」という意味があり，のろまなボクとしては少々重荷ではある。

ボクが生まれたとき，母は「とし」のつく名前がいいと言った。父は命名の本などを見て〈敏彦（としひこ）〉という名に決めた。

しかし，父が役所に出生届を出そうとすると……
窓口の係の人「〈彦〉という字は，今は名前に使ってはいけないことになっています。別の名前にしてください」（敗戦後の混乱がまだおさまっていない頃で，係の人の間違いだろう）。
父「そんなはずはない。命名の本でていねいに調べたし，こんな単純な字がなぜいけないのか？」
係「でも，きまりですから」

こんな押し問答の末……
父「そんなに字に詳しいなら，あんたが（名前を）付けなさい！」
と，江戸っ子で気の短い父はそのまま帰ってきてしまったのだ。あとで母が聞きに行ったら〈敏英〉になっていた。名前の後ろ半分はボクの知らない役所の人が付けたわけだ。

二人兄弟の兄にはちゃんと名前を付けたのに，弟のボクの方は半分いい加減に付けてしまったことを，母はずっと気にしていたらしい。

＊

中学1年生になったとき，母は，母の友だちの紹介で，姓名判断の易者にボクの名前を見てもらった。するとその易者は「この名前ではよくない。不幸になるから変えたほうがいい」と言い，〈智威（としたけ）〉という名を提案してきた。もちろんお金を取って。

母はボクに「こんな名前に変えたらどうか。おまえは小さい頃から病弱だし，心配だから」と言っ

た。ボクは長年（といっても 12 年）慣れ親しんだ名前を変えるのはいやだった。第一、名付け親が易者というのが気に入らない。そこで「変える必要はない」とつっぱねた。

母は、ボクがガンコに新しい名前を拒否するので、とうとうその易者を呼んで、直接ボクを説得してもらうことにした。

＊

易者が来ると、ボクはその前に座った。大人との戦いが始まると思うと全身が固くなって震えた。

易者の説明が始まる。

易者「もとの名前は

山＝3画・陽（奇数）

路＝13画・陽（奇数）

敏（旧字体）＝11画（奇数）

英（旧字体）＝9画（奇数）

名字の終わりが陽だから、次に陰・陽・陰と続く文字の並び方の名前でなければよくない。陰が続いたり、陽が続いたりしてはいけない。

新しい名前は――

智＝12画・陰（偶数）

威＝9画・陽（奇数）

となって、名字の初めから陽・陽・陰・陽と並んで、とてもいい名前になる」（他にも合計画数などの説明があったが、忘れてしまった）

説明が終わると、ボクは質問した。

ボク「漢字の画数で人間の運命って決まるんですか？」

易者「そうです。古くから中国に伝わる陰陽道（「おんみょうどう」ということもある）という学問が示しています」

ボク「じゃあ、〈敏〉の字の〈敏（旧字）〉のところを〈敏（新字）〉と書くと、1画減って陽が陰になるけど、それから、〈英〉の字の草カンムリを〈英（旧字）〉ではなくて〈英（新字）〉と書くと、これも1画減って陽が陰になるけど。字の書き方を変えると、人間の運命って変わるんですか？」

易者は、ちょっとムッとした表情になった。

易者「〈敏（新字）〉なんていう字はありません。それと、草カンムリは〈艹（旧字）〉こう書くのです」

漢和辞典で調べておいたボクは、この易者の勉強不足がわかっ

て落ちつきを取り戻した。
ボク「では，名前の字の画数と運命や寿命が関係しているという科学的根拠を示してください」

〈科学的根拠〉という言葉はボクの切り札だった。いつだったか兄と議論していて「じゃあその科学的根拠を言ってみろよ」と言われ，もちろん答えられなかったけれど，「カガクテキ・コンキョ……なんてすごい言葉なんだろう」と，とても感動したのを覚えていた。

さて易者の方は……
易者「だから，さっきから言ってるように，〈山〉という字は3画でしょ……」（ふりだしにもどっている）
ボク「ボクが聞いているのは，そういうことじゃなくて，画数が運命に関係するということが正しいという根拠を出してくださいっていうことです。例えば，一人二人じゃなくて，何千人を調べた結果，画数の悪い人はほとんど早死にしたとか，そういう証拠を出してくださいって言ってるんです」
易者「とにかく，画数で運命は決まるんだ！……とにかく……とにかく決まるんだ……とにかく……とにかく……」

そう言いながら，立ち上がり，易者はそそくさと帰っていった。

ボクは座ったまま，いつまでも震えが止まらなかった。

＊

今（1995年），47歳。多感な中学生たちと科学の授業をたのしみ，とても幸せな人生を送っている。

そろそろ自分の名前に自信を持たなくちゃ……。

「理科教育法入門」のその先を学ぶ人のために
―あとがきに代えて―

　いかがだったでしょうか？　少しはたのしく読んでいただけたでしょうか？　さらに，少しは授業をたのしくする見通しが持てたでしょうか。とても気になります。

　気になるのは，この本を読み進むうちにアナタの中にはいくつもの疑問が湧き出てきたにちがいないからです。そうです，この本の題が「理科教育法」などと常識的なものになっているのに，その内容ときたら，今までの教育の中で「常識」と思われてきたこととは全く違うこと＝〈教育の非常識〉がたくさん書かれているのですから，疑問が湧くのも無理はありません。

　そこで，この後，あなたが抱きそうな疑問について，ボクなりの簡単な答えと，詳しく知りたいときに参考になる本を紹介していくことにします。そして今後は，それらの本を読んで，さらに「たのしい授業」の実践方法や思想を学んでみてください。

　この本がきっかけになって「門」の中に入ったら，あとは自分の興味関心に合わせて，少しずつ知識や考えを広げていっていただけるとうれしいです。

1．授業が「たのしい」と「わかる」ではどちらの方が大事？

　「たのしい」と「わかる」はどちらが大事かという疑問を，「反論的質問」風に書いてみると……。

「〈わかるよりたのしいが優先〉ですって？ 授業は遊びじゃありませんよ。まあ〈たのしくてわかる〉ならそれもいいかもしれませんが，〈たのしくなくてもわからせなければいけないこと〉はあるんじゃないですか？」

じつは，この「反論的質問」はボクが「たのしい授業」に出会ったときに，「〈わかるよりたのしいが優先〉て，すごくいい考えだなあ」と思いつつ，一方でもう一人のボクが言った言葉です。あなたもそう思いませんでしたか？ しかしその後，ボクが学んだところによると，〈わかるよりたのしいが優先〉とする考えには，二つの大きな理由があることがわかりました。

まず，一つ目の理由は…。このことにふれている本を引用紹介してみます。

(1) 人類が築き上げてきた文化

「人類が長い年月の間に築きあげてきた文化，それは人類がおおきな感動をもって自分たちのものとしてきたものばかりです。そういう文化を子どもたちに伝えようという授業，それは本来たのしいものになるはずです。その授業がたのしいものとなりえないとしたら，そのような教育はどこかまちがっているのです」(板倉聖宣「いまなぜ「たのしい授業」か」『たのしい授業の思想』仮説社)

これは，ボクにとっては教育というものを根源的に考えさせられた文章でした。この本は「たのしい授業」に関する様々な疑問に答えてくれるので，ぜひ読んで欲しい一冊です。

そして，二つ目の理由は…。ボクがこの授業から学んだことなので，その考えについてまとめてみます。

(2) 教育の二つの側面

　教育の目的には二つの側面があるようです。一つは「人間が人間として人間らしく生きる喜びを拡大する」という側面です。こちらは「生きる喜び」ですから子どもたちが喜ぶ,「たのしい」ということが基準になります。

　それに対してもう一つは,「その時どきの国や社会に適応できる人を育てる」という側面です。こちらは教育内容が「わかる」ということが基準になります。

　これは「個人の願い」の側面と「国家・社会の目標」の側面との違いとも言えると思います。教育にとってはどちらも大事なことだし,きっちり分けられるものでもないので,「わかって・たのしい」ということが一番の目標になるのです。

　しかし,そのどちらかが満足できなかった時には優先順位を考えなくてはならなくなります。そこで,ボクが考えたのは,〈「個人の願い→たのしい」を無視してまで「国家・社会の目標→わかる」を優先させるのはおかしいではないか〉ということなのです。「国や社会のためにボクがいる」のではなくて「ボクがシアワセに生きるために国や社会がある」というふうに考えるわけです。そこで,ボクは〈「たのしい授業」をする教師〉の道を選んだというわけです。

　このことについては,以下の本に詳しく書いてあるので,参考にしてください。

板倉聖宣『科学と教育のために 板倉聖宣講演集』(季節社,1979年)

2．学習指導要領・教科書と「たのしい科学の授業」

　ところで，「〈たのしい科学の授業〉をやってみたいなあ」とは思っても，「今やっている教科書の授業だって毎日追われるようにやっているのに，教科書以外の教材の授業をやる時間の余裕なんてないなあ」という人や「教科書は専門家が長い時間をかけて作ったものだから，とても信頼性が高いに違いない。それをさしおいて，それ以外の教材に手を出していいのだろうか」と思う人も多いと思います。

　でも，待ってください。もしも，授業の初めに，子どもたちの学習意欲を高めることができたら，その後の教科書も，とても能率よく授業が進むとは思いませんか。現実に多くの先生たちが，実際に子どもたちに歓迎される「たのしい授業」をして，しかも教科書の授業もきちんと終わらせ，子どもたちに，たとえば中学生なら高校入試の対策もしっかりしてあげることができているのです。学習指導要領も，子どもたちに「科学的思考」を要求しているし，単元の導入で子どもたちに意欲を持たせることは奨励していることです。「教科書から一歩も外れてはならない」などと考えたら「子どもの実体に合わせて」という学習指導要領の精神にも反してしまいます。もっと柔軟に考えてもいいのではありませんか？

　こういった現場対応的なことについては，実際に「たのしい授業」を１時間でもやってみてから悩んでも遅くはないと思いますが，いかがでしょう。

　また，実際に現場に立ったとき再び悩みが出てきたら，そのときは，次の雑誌があなたに勇気とヒントをくれると思います。

月刊『たのしい授業』(仮説社，1983年創刊)

そして，そこに紹介されている，日本の各地の「サークル案内」をたよりに「たのしい授業」をしている仲間や先輩の知恵を借りに行ってみてはいかがでしょうか。

3.「たのしい教師」の生き方

「たのしい授業」というのは〈子どもたちが「たのしい」という（評価する）授業〉のことです。では「たのしい教師」と言ったら，どんなイメージを持ちますか？

まずは教師が「たのしい授業」をすると，子どもたちが喜んでくれます。人は誰かに喜んでもらうと，〈誰かに喜んでもらうことができる自分〉にうれしくなる生き物のようです。そして，子どものステキも見えてきます。するとまた，子どもたちが喜んでくれそうな授業をしたくなります。これが「たのしい教師」の生き方です。

授業がたのしくできると，学級担任など授業周辺の仕事についても，「授業と同じく」とまではいかなくても，少しは気持ちよく，あるいは，嫌なことが少ないようにするにはどうしたらよいか，ということも気になるようになります。

そこで，「たのしい授業」についても，授業周辺のことについても，具体例が書いてある本を紹介します。

小原茂巳『たのしい教師入門』(仮説社，1994年)

この本で，ボクは子どもたちのスバラシサを見つける視点というものを学び，合わせて学級担任の仕事もたのしくできるようになったのです。

4．ボクがたのしく教師を続けられたワケは？

ボクがたのしく教師を続けられたワケは，何でしょうか？

それは「はじめに」の中に書きましたが，まずは「たのしい授業・仮説実験授業」に出会ったことです。そして，子どもたちから「たのしい」という評価をもらったことです。これが決定的です。出会いから10年くらいまでのことは，以前発行した単行本

　　　山路『これがフツーの授業かな』（仮説社，1988年）

に書いてありますから，そちらをお読みください。ここではその後のことを書くことにします。

＊

その1：校長先生とケンカしたことがあります

　先に紹介したボクの本の副題が，なんと「たのしい授業中毒者読本」となっています。つまり，ボクは出会ってすぐに，仮説実験授業に夢中になっていたのです。そして，「夢中」であったために，まわりのことが見えていませんでした。

　たとえば25年以上前の中学校は，学習指導要領の束縛が強く，「教科書の授業以外は認めない」という管理職がたくさんいました。その中で，ボクは「子どもたちがこんなに喜んでいる授業がなぜいけないのか！」と校長先生にケンカを売ったことがありました。生意気ですねえ。その結果はどうなったでしょう。そうです。ますます「たのしい授業」がやりにくくなったのです。

　ボクがそこで学んだのは「目的意識を大切にする」ということでした。

　どういうことかというと，ボクが望むのは〈子どもたちと「た

のしい授業」をする〉ということ。これが第一目標です。それが，校長先生のちょっとした言葉にかみついて，最初から対立してしまったのです。それでは「たのしい授業」ができなくなるのは当然だ，と思えるようになりました。

　自分が本当に「たのしい授業がしたい」のであれば，その目的のためには他のことはアキラメよう。自分の理想も下げよう。必要なら頭も下げよう。理解してもらえるように工夫しよう。ともかく，自分が一番大事だと思っていることを守れることが大事。頑張って，正論を言って突っ張っても，一番の目標が達成されなければイミがないではないか。そう思うようになりました。そうして，〈「たのしい授業」ができる自信〉が深まるとともに，ずいぶん自分が「謙虚」になったように思います。

　それからのボクは，新しく転勤した学校で，子どもたちとの「たのしい授業」が軌道に乗ると，さっそく校長先生に授業を見に来てもらうことにしたのです。その結果はどうなったでしょう。子どもたちがたのしく授業に夢中になっている姿を見て，たいていの校長先生は喜んでくれて，ボクの味方になってくれたのです。そして，もしも味方になってくれないとしたら，「たのしい授業」を理解してもらうためのボクの努力や工夫に何かが足りないものがあるのではないか，とも思うようになりました。

その２：「根源的に考える」ということ
　目的意識がはっきりすると，こんどは仕事のいろいろな場面で，自分にとって何が大事なのか，その優先順位を普段から考えておく必要が出てきました。誰でも，「大切なこと」とか「原

則」「願い」というのは一つだけではありません。ボクの中にはいろいろな「願い」がごちゃごちゃになってあるので，その中でどれが一番大事なのか，どれが二番か，とっさの判断で間違えてしまうことがあるのです。ボクはそういう失敗もたくさんしています。そこでボクは，「原則には序列がある」ということをはっきりと意識して，何か行きづまるたびにその優先順位を考えてみることにしました。

　たとえばボクはこんなことも考えています。

　「教師としてだれとの関係を大事にするか」の優先順位
（1）子ども：学校は子どものためにあるんですから。
（2）保護者：その子どもを生まれたときからずっと支えてくれている人だから。
（3）管理職：僕たち教師が子どものために働けるような環境作りをしてくれる人だから。
（4）同僚の教師・事務・用務さん：ボクの仕事を支えてくれる人たちだから。

　何も，これが〈正しい序列〉というわけではありません。ボクは自分の中にこういう優先順位の指針を持っていないと，考えがフラフラしてしまうのです。この「自分の原則」をはっきりさせるために，ボクは，すでに紹介した本から学んだというわけです。「たのしい教師」を長く続けるためには，具体的な方法はもちろんですが，根源的に考えるために哲学的な文章からも学んできたのです。

＊

　ボクは特別に頭がいい人間ではありません。この本で紹介し

たことは,「山路だからできる」というものは一つもありません。熱心な教師ならマネができるものです。イイと思ったらぜひマネしてみてください。そのマネの第一歩は「たのしい授業」のマネです。この本があなたの第一歩を踏み出す勇気に少しでも力を添えることができたらうれしいです。ボクは,あなたの授業が子どもたちに歓迎されたときのことを想像しながらこの本を編集してきました。できることなら,ボクもあなたのそばで一緒に,子どもたちの笑顔を見ながら喜びたいのです。

5．お礼のことば

　この本はほとんど「たのしい授業」仮説実験授業のことばかり書かれています。それは,ボクの教師人生,いや人生そのものを支えてくれている授業と思想だからです。だから,この仮説実験授業を作った板倉聖宣先生は「人生の師」といってもいいくらいです。ボクはこの授業に出会って,初めて「教師ってたのしい仕事なんだ」ということを知ったのです。ボクは板倉先生と同じ時代を生きて,仮説実験授業に出会えて,学べて,なんと幸運なのだろうと思います。「ありがとうございます」以外の言葉が見つかりません。

　同じ時代を生きたといえば,小原茂巳さんも「ボクの先生」と言える一人です。ボクが新任教師として自信をなくしていたとき,この仮説実験授業のすばらしさを教えてくれたのが小原さんです。そして,その後もずーっと,ボクの,教師としての仕事や考えにアドバイスを与え続けてくれた人だからです。今でも,同じ大学で一緒に仕事ができるなんて,夢みたいな話です。

この大学での授業が元になってこの本ができていることを考えると,「この本の師」ということもできると思います。

また,この本の記事はもともと「たのしい教師入門サークル(小原茂巳さん・田辺守男さん主催)」「ニコニコたのしい授業サークル(小沢俊一さん主催)」で発表したものばかりです。サークルのみなさんがボクの原稿を一緒に読んで,意見をくださってはじめてまとめることができたのです。自分が書いたものはどうしても独りよがりの文になってしまいます。こういう仲間がいるというのは本当にありがたいことです。

編集といえば,この本の編集を引き受けてくれたのは仮説社の増井淳さんです。ひとつ一つの文章も編集者の手が入らないと,多くの人が読める文にはなりません。それに,一冊の本としてまとめるというのも教育全体を見渡せる人でないとできないのです。この本は最初,大学のテキストとして「私家版」で出版するつもりでいました。自分で書いたものをまとめて一冊の本にするのはとても難しくて,構想から1年たってもまとめられずにいました。そこに,仮説社から「単行本として出しませんか」とお誘いがあって,増井さんの手でこのような形にまとめることができました。本は著者だけではできないということを痛感しました。あらためてお礼申し上げます。

2016年3月20日
　　　　　　　　　　　　　　　　　　　　　　　　　　山路敏英

〔初出一覧〕
- 子どもの気持ちが見える窓：『たのしい授業』2007年2月号，No.319。
- 僕は天才かもしれない：『たのしい授業』2015年1月号，No.430。
- 〈集団の授業〉か〈能力別・個別の授業〉か：『たのしい授業』2015年11月号，No.441。
- 地球儀：未発表。
- 「実験」とはどういうものか？：未発表。
- 「実験が失敗」したらどうする？：『たのしい授業』2012年5月号，No.393。
- 「どうして」と聞かれたらどうする？：『たのしい授業』2014年9月号，No.425。
- 教える立場・学ぶ立場：未発表。
- 〈教師に向いているか，いないか〉について考える：未発表。
- ボクの進路：『たのしい授業』1990年12月号，No.97。
- 「理科離れ／理科嫌い」とその対策：未発表。
- 日本の科学教育の歴史から学ぶ：『たのしい授業』2015年7・8月号，No.437・438。
- 名前：『たのしい授業』1996年7月号，No.170。

山路敏英（やまじとしひで）

1948年　東京都文京区に生まれる。
1972年　東京理科大学理工学部卒業。その後，父親の家業・税理士事務所勤務4年。仕事になじめず，教師になろうと決意。
1976年　中央大学理工学部卒業。教員免許（理科）取得。埼玉県八潮市の中学校教員（社会，技術）に採用され，翌年，理科を担当するも授業崩壊。
1977年　小原茂巳氏と出会い，仮説実験授業を知る。
1982年　東京都の中学校教員（理科）になる。
1988年　授業で使える「簡易実験器具」の開発を始める。
2009年　中学校教員定年退職。引き続き「再任用フルタイム」で中学校勤務。
2011年　小原茂巳氏の誘いで大学の教職課程「理科教育」関係科目の授業を引き受ける。現在，明星大学非常勤講師。仮説実験授業研究会員。日本科学史学会員。
著書　『これがフツーの授業かな』（仮説社）。『よくある学級のトラブル解決法』（小原茂巳共著，仮説社）。私家版として『簡易実験器具研究（既刊Ⅰ～Ⅲ）』『のろまのまんま』『のほセン日記Ⅰ・Ⅱ』『たのしい授業のつくり方』（小原茂巳共著）『たのしく作ろう実験道具』がある。

理科教育法入門　科学のたのしさ伝えたい

2016年4月1日　初版発行（2000部）

著者　山路敏英　©Yamaji Toshihide, 2016
発行　株式会社 仮説社
　　　170-0002 東京都豊島区巣鴨1-14-5 第一松岡ビル3階
　　　電話 03-6902-2121　FAX 03-6902-2125
　　　www.kasetu.co.jp　mail@kasetu.co.jp
装丁・装画　浅妻健司
印刷・製本　図書印刷
用紙　鵬紙業（カバー：片艶晒クラフトハトロンT129.5kg／表紙：NTラシャ鼠四六Y170kg／見返し：NTラシャオリーブ四六Y100kg／本文：オペラクリームマックス四六Y62kg）

Printed in Japan　　　　　　　　　　　　　　ISBN 978-4-7735-0267-1 C0037

仮説社の本

よくある学級のトラブル解決法

小原茂巳・山路敏英・伴野太一・小川洋・佐竹重泰・田辺守男 著　学級のトラブルといったら，何を思い浮かべますか？　本書では，「いじめ／不登校」「仲間はずれ」「保護者からの苦情」「崩壊学級」の4つの事例から，トラブル解決の手順と考え方を明らかにします。　　　四六判 160 ペ 1300 円

未来の科学教育

板倉聖宣 著　仮説実験授業が提唱された当時，それは世界のどんな読者にとっても，はじめて出会う科学論，教育論，授業方法だった。授業書《ものとその重さ》の授業風景を通して，いきいきと動き出す子どもたちの姿を描き出す。今なお〈未来〉のものとなっている仮説実験授業の基本的な考え方と可能性を知るには，本書を読むのが一番！　四六判 240 ペ 1600 円

仮説実験授業をはじめよう

「たのしい授業」編集委員会 編　「仮説実験授業なんて知らない，やったことない。だけど，たのしいことならやってみたい！」という人のために，授業の基本的な進め方や役に立つ参考文献，授業の具体的な様子が分かる授業記録など，役に立つ記事を一つに。巻末には，すぐに始められる授業書《水の表面》《地球》とその解説も収録。　　B6判 232 ペ 1800 円

これがフツーの授業かな

山路敏英 著　仮説実験授業で味わった楽しさに生徒も教師もとりこになった。生活指導がヘタでも，暗くても，軟弱でもかまわない。フツーの人間に真似できる授業こそ「教育科学」。子どもたちが大歓迎してくれる，「たのしい授業中毒者」のステキな授業の記録をご紹介。B6判 222 ペ 1900 円

たのしい教師入門

小原茂巳 著　子どもたちとイイ関係を結ぶには，子どもたちが喜んでくれること＝〈たのしい授業〉をするのが一番！　たのしい授業のための考え方をはじめ，家庭訪問や保護者会，三者面談を通して大人たちともイイ関係になれるお話など，すぐに役立つ話が盛りだくさん。ツッパリ君も優等生も活躍する楽しい科学の授業記録は迫力満点。　B6判 236 ペ　1800 円

＊価格は全て税別です。